これだけは知っておきたい

川村眞一 [著]
Kawamura Shinichi

Internal
Auditing

取締役・監査役
監査部長等にとっての
内部監査

改訂版

同文舘出版

改訂版はしがき

　本書初版を刊行後、会社法の改正、スチュワードシップ・コード及び
コーポレートガバナンス・コードの制定並びに改訂があった。これらに
よって監査等委員会設置会社制度が創設され、「攻めのガバナンス」が
求められたが、経営者不正の続発により「守りのガバナンス」と称して
内部監査部を監査委員会の直属とし、経営者を監視させる会社も現れ、
2016年12月5日の日本経済新聞朝刊に次の記事が掲載された。

　　企業活動が適正かを組織内部から監視する内部監査部門の役割を見直す
　　企業が増えている。社長が現場の実態を把握する目的で設置する企業が
　　多かったが、コーポレートガバナンス・コード（企業統治指針）の導入で
　　社外を含む取締役・監査役との連携を強化している。組織の独立性を高め
　　て経営陣の不正も監視できるようにし、統治力の底上げにつなげる動きも
　　出てきた。

　攻めのガバナンスとは持続的成長及び中長期的企業価値の向上のため
迅速果断なリスク・テイクの意思決定を促すガバナンスが必要であると
する考え方であり、守りのガバナンスとは過度なリスク・テイクの回避
及びテイクしたビジネス・リスクの適時適切なコントロールを施させる
ガバナンスが重要であるとする考え方である。

　経営目標達成の可否を調べ、その達成を確実にするのに有効な施策を
監査先責任者に助言し、監査の結果及び提供した助言の概要を経営者に
報告して、適切な経営判断及び変更に貢献するのが内部監査人の本分で
ある。この「経営診断によって経営に対する防衛的かつ建設的貢献」を
目的に始まった「経営に貢献する内部監査」は、現在も会社の健全かつ
継続的発展を実現するために必要不可欠の経営用具である。

内部監査部を監査委員会及び監査等委員会の直属組織とし経営者の監視を担わせると、経営者は自己の責任の回避を優先し、コーポレートガバナンス・コードが要求している迅速果断なリスク・テイクの実践を躊躇するようになり、会社は費用倒れで斜陽となる。

　リスクの回避を至上命令としてきたメガバンクが積極的リスク・テイキングと適切なコントロールによる収益の獲得に動きだしたときに内部監査人に経営者の監視を担わせるのはこれと正反対の愚行である。

　内部監査部を社長の直属とするか監査機関の直属とするかで迷っている会社もあるが、経営者に対する監視は、監査役、監査等委員、監査委員がその職務を補助すべき取締役及び使用人を指揮して自分で行なうのが適当であり、内部監査人をその補助者としてはならない。

　内部監査部を社長直属とするのも適当ではなく、取締役会直属とし、内部監査の方針を取締役会に附議し、監査結果の概要を取締役会に報告する、日々の業務に関係する報連相（報告・連絡・相談）は取締役会の代表者である社長と行なうとするのがよい。

　監査等委員会と監査委員会は、監査役と異なり、内部統制システムを利用した組織的な監査をすればよいと言われているが、その前提の内部統制システムの理解に誤りがあるので、1950年代の大蔵省と通産省等の内部統制を利用した監査手法の解説のレビューから始めないと、斯かる監査と称するものが砂上の楼閣となる（又は水泡に帰する）ことを広く理解して戴くために、本書を書き改めた次第である。

2018年8月

川村眞一

初版はしがき

私は、1980年6月に、外国の合弁製造会社に監査役として出向した。法定の機関としてではなく、事業計画と大きく異なる膨大な累損が発生した事由の調査のためであった。

1982年6月に、別の国の合弁会社にCFOとして2度目の出向をした。この会社も膨大な損失を出したためCEOが更迭となり、1984年4月に、管理部門に籍をおいたまま、私がその後任に任命された。3年で累損を解消し、事業を拡大したところで帰国となったが、管理部門への復帰も困難と考え、誘われるまま1989年1月に営業部門へ転籍した。

帰国後は新規事業開発の調査と折衝のために2年のうち500日以上を外国で過ごし、その目途が立った1991年12月に、フランスの子会社への出張を命じられた。会社設立後2年経っても商品（高額機械）を1台も販売できずにいたため、その立上げ支援を命じられたのである。

私は、翌年1月にパリに出張したが7月に出向に切替となり、8月に3度目の出向をしたところ、同社の財務諸表監査の担当公認会計士から面談を申し込まれた。私は、当該子会社がgoing concernであることを証明するように当該会計士から求められたが、そのような用語を聞いたことがなかったので、事業継続の可能性があることの証明を意味するのかと尋ねると、その通りとの回答であった。

私は、公認会計士の監査目的は投資者保護にあると思っていたので、当社は三菱商事㈱の完全子会社であるから不必要ではないかと訊くと、フランスでは債権者の保護も監査人の任務であると言われた。

それだけでなく、COSO報告書の公開草案のinternal controlという用語と概念についても教えてくれた。

iii

私は、目からうろこが落ちる思いがした。そうか、事業の継続能力の十分性を視ていれば手遅れになる前に必要な対策を打つことができる、会社の事業継続能力を確保するためには内部統制の整備が必要不可欠であるとの思いに至った。

　会社の再建は容易ではない。先ず救命のための応急措置を施し、次に構造改革による抜本的体質改善を図る必要があるが、この何れの施策も的を射た適切なものでなければならない。事業の継続を確固たるものにするためには、会社において内部統制の態勢を確立し、適切なリスク・マネジメントを実施しなければならない。

　私は、事業の継続を困難にするリスクの検出とその現実化を抑制するのに有効な方策を研究及び実践した結果、これを内部監査で活用すれば累損が嵩む前に様々の手を打てるはずだと考え、1994年7月に、監査部への転籍を申請したが、この願いは直ぐには適わなかった。

　更に2社の再建に取り組み、2000年3月に漸く監査部に転籍したが、当時の監査部は私の構想を実現できる体制になかった。経営に関係する事項に踏み込むことは監査人の職分を超えるものとされていた上、折角提供した監査意見を監査先から無視されることも多かった。

　私は、転籍後3日目に胆石症で半月間の自宅療養を命じられたため、監査について学習する好機と考え内部監査の解説書を探し求めたが見つからなかったため、『モントゴメリーの監査論』（中央監査法人訳、中央経済社、968頁）と『アメリカ監査論』（千代田邦夫著、中央経済社、757頁）を半月間で通読した。

　両書は、内部統制、監査リスク、監査リスク・ベースの監査の手法の概念とその重要性を私に教えてくれた。

　私は、公認会計士が重要な誤謬及び虚偽の記載を発見するためにどのような監査手続を実施するのかを参考に、内部監査で発見すべき事項は会社の健全経営を阻害する業務上のムリ、ムラ、ムダ、未対処の重大なリスク、内部統制の態勢の不備等の異常な事態であると考えた。

これを基に更に思考を重ねて、経営に口を挟むのは監査人の職分外の行為となるが、経営者の方針、計画、指示が社内各組織の末端まで周知徹底され、業務活動で実行されているか、所期の成果を上げているか、事業の継続能力を確保しているか等について検証する監査が、経営者が期待するものかつ経営に貢献するものと確信するに至った。

　私は、1年間の内部監査の経験を積んだ後、部内研修会で内部監査の目的及び予備調査の重要性並びに実効を上げる監査手法の解説を重ね、2004年4月に『監査部監査の実施手続書』に纏めた。因みに、これは、実施すべき監査の手続、手続の目的、実施の要領等の実務指針であり、監査マニュアルではない。

　本書は、三菱商事㈱における子会社の再建と経営の経験、内部監査人としての経験、同社監査部と同社とは無関係の38社に対する講習と実務指導、質問と相談への回答、上述の監査の実施手続書を基に、取締役と監査役にとっての内部統制と内部監査の活用の重要性並びに監査担当役員、監査部長、監査部の上級職として何を為すべきかについて、様々の角度から、できるだけ平易に取り纏めた解説書である。

　執筆に当たっては大会社の参考にもなる内容とするよう心掛けたが、これをもって大会社のための解説書と誤解しないで戴きたい。小会社の場合は、記載した監査手続を取捨選択の上、自社に相応のものに簡略化して活用戴きたい。

　本書が御社及び企業集団全体の健全かつ継続的発展の一助となれば、筆者としてこれに勝る喜びはない。

2013年7月

川　村　眞　一

目　次

序　経営者の義務と用語の解説

I　経営者の義務 ………………………………………………… 2

1　受委託関係 ……………………………………………… 2
2　受託職務、説明義務、開示義務 …………………………… 4
3　民法の規定 ……………………………………………… 7
4　会社法の規定 …………………………………………… 7
5　金融商品取引法の規定 ………………………………… 9

II　用語解説 ……………………………………………………… 12

第1章　コーポレート・ガバナンスと　　　　　　　内部統制と内部監査の関係

I　コーポレート・ガバナンスと　　　内部統制と内部監査 ………………………………………… 24

1　コーポレート・ガバナンスとは ………………………… 24
2　コーポレート・ガバナンスと内部統制の関係 ………… 25
3　内部統制とは …………………………………………… 26
4　内部統制と内部監査の関係 …………………………… 27
5　内部監査とは …………………………………………… 27

II　コーポレート・ガバナンスの仕組 …………………… 29

1　外国のコーポレート・ガバナンスの形態 …………… 29
2　日本のコーポレート・ガバナンスの形態 …………… 31
3　スチュワードシップ・コード ………………………… 33
4　コーポレートガバナンス・コード …………………… 35

vii

第2章　内部統制

Ⅰ　米国における内部統制 ········· 40
1　内部統制と内部管理 ········· 40
2　米国における内部統制の目的と概念の変遷 ········· 40
3　内部統制の整備及び評価を義務付けた法律 ········· 44
4　米国における不祥事と内部統制概念の関係 ········· 46
5　COSO報告書の内部統制概念とその核心 ········· 48

Ⅱ　日本における内部統制 ········· 54
1　日本における内部統制の目的と概念の変遷 ········· 54
2　日本における内部統制の周知 ········· 73
3　日本における内部統制の法制化 ········· 75

Ⅲ　継続企業の意味とその重要性 ········· 83
1　継続企業とは ········· 83
2　継続企業の重要性 ········· 83
3　内部監査の重要性 ········· 84

Ⅳ　内部統制の本質とモニタリングの重要性 ········· 85
1　内部統制の本質 ········· 85
2　モニタリングの重要性 ········· 87
3　不正のトライアングル排除の重要性 ········· 88

Ⅴ　リスク・マネジメントとは ········· 90
1　リスク・マネジメントの沿革 ········· 90
2　現在のリスク・マネジメントの概念 ········· 91
3　リスク・マネジメントの基本用語 ········· 92
4　リスク・マネジメントと危機管理の違い ········· 95
5　ビジネス・リスク・マネジメントの手続 ········· 96

6　マネジメント・サイクルとは……………………………………… 100

第3章　三様監査

Ⅰ　語源が意味する監査の本質…………………………… 106

Ⅱ　三様監査とは…………………………………………… 107

Ⅲ　監査役等の監査………………………………………… 108

1　監査役監査とは………………………………………… 108

2　監査役監査の目的と生成経緯………………………… 108

3　監査役監査の機能……………………………………… 110

4　監査委員会設置会社と監査等委員会設置会社の新設… 110

5　監査委員会の監査……………………………………… 111

6　監査等委員会の監査…………………………………… 112

Ⅳ　外部監査………………………………………………… 113

1　外部監査とは…………………………………………… 113

2　外部監査の目的と生成経緯…………………………… 114

3　外部監査の機能………………………………………… 115

Ⅴ　内部監査………………………………………………… 117

1　内部監査とは…………………………………………… 117

2　内部監査の目的と生成経緯…………………………… 117

3　内部監査の機能………………………………………… 119

Ⅵ　三様監査の要点………………………………………… 124

Ⅶ　三様監査の連携………………………………………… 125

1　監査役の外部監査人との連携の意義………………… 125

2　監査役の内部監査人との連携の意義………………… 126

3　外部監査人の内部監査人との連携の意義…………… 126

4　内部監査人の監査役との連携の意義………………… 127

| | 5 | 内部監査人の外部監査人との連携の意義 | 128 |
| | 6 | 三者による情報交換会 | 128 |

第4章　現代の実践的内部監査

Ⅰ　経営に貢献する内部監査とは … 130

1　経営に貢献する現代の実践的内部監査 … 130
2　内部監査人とその業務の属性 … 133
3　現代の実践的内部監査の目的 … 133
4　現代の実践的内部監査の実効 … 135
5　実効を上げる内部監査の要点 … 135
6　現代の実践的内部監査と内部統制評価の違い … 136
7　現代の実践的内部監査と従来の一般的内部監査の違い … 137
8　内部監査と検査の併用 … 140

Ⅱ　内部監査の基本用語 … 141

1　監査目的 … 141
2　監査目標 … 141
3　監査対象 … 141
4　監査要点 … 142
5　監査項目 … 143
6　監査範囲 … 143
7　監査意見 … 144
8　監査証拠 … 144
9　予備調査 … 144
10　監査実施手順書 … 144
11　監査予備調書 … 145
12　本格監査 … 145

13	実地監査 …………………………………………	145
14	監査調書 …………………………………………	145
15	監査結果通知書 …………………………………	146
16	監査報告書 ………………………………………	146
17	回答書 ……………………………………………	146
18	フォロー・アップ ………………………………	146

Ⅲ 内部監査の関連用語 …………………………… 147

1	監査リスク・ベースの監査 ……………………	147
2	監査マニュアルと使用上の留意事項 …………	155

Ⅳ 監査技術と監査手続 ……………………………… 157

1	一般監査技術 ……………………………………	157
2	個別監査技術 ……………………………………	158

第5章 取締役等の業務並びに 内部統制及び内部監査

Ⅰ 取締役等の選解任と義務 ……………………… 162

1	民法の規定 ………………………………………	162
2	会社法の規定 ……………………………………	162

Ⅱ 取締役の責任 ……………………………………… 173

1	取締役の会社に対する損害賠償責任 …………	173
2	取締役の第三者に対する損害賠償責任 ………	174
3	取締役の連帯責任 ………………………………	174
4	取締役の連帯責任の減免 ………………………	175

Ⅲ 取締役にとっての内部統制と内部監査 ……… 176

1	取締役にとっての内部統制 ……………………	176
2	取締役にとっての内部監査 ……………………	177

3　内部監査の実効性確保の重要性 ……………………… 178
Ⅳ　内部監査体制の整備 ………………………………… 179
　　1　実効的実施のための環境整備 …………………… 179
　　2　実効的実施のための基本事項の明確化 …………… 181
　　3　実効的実施のための監査規程の制定 ……………… 182
　　4　監査要員の確保 …………………………………… 183
　　5　予算の確保 ………………………………………… 184

第6章　監査役等の業務並びに
　　　　内部統制及び内部監査

Ⅰ　3種の監査機関の概観 ……………………………… 186
　　1　監査役、監査等委員会、監査委員会の職務 ……… 186
　　2　監査役、監査等委員会、監査委員会の責任 ……… 186
　　3　監査役、監査等委員会、監査委員会の責任の軽減 … 187
Ⅱ　3種の監査機関の業務と権限、義務、責任 … 188
　　1　監査機関の組織 …………………………………… 188
　　2　監査機関の権限と業務 …………………………… 189
　　3　計算書類等の監査 ………………………………… 194
　　4　会計監査人の監査 ………………………………… 194
　　5　監査機関の責任 …………………………………… 195
　　6　3種の監査機関の要点 …………………………… 196
　　7　「監査等委員会」という名称 …………………… 197
　　8　法制審議会の事実認識 …………………………… 198
Ⅲ　3種の監査機関と内部監査組織の関係 ………… 202
　　1　コーポレートガバナンス・コードの目的 ………… 202
　　2　内部監査の存在意義 ……………………………… 202

	3	監査委員と監査等委員の監査	203
	4	内部監査人の位置づけと活用方法	203
	5	監査役等の有効な監査のためには	204

第7章　監査担当役員及び監査部長等の業務

Ⅰ　基盤整備及び要人との面談 206
1　実効的実施のための基盤整備 206
2　実効性確保のための要人との打合せ 207
3　実効性確保のための監査先関係者との面談 207

Ⅱ　監査基本方針の策定、監査実施計画の作成 209
1　事前に把握して置くべき事項 209
2　監査基本方針の策定 209
3　監査部予算の作成 214
4　監査実施計画の作成 214
5　監査実施計画の開示 215

Ⅲ　監査実務における管理業務 216
1　往査事前説明会における点検、評価、指導 216
2　監査概要報告会における点検、評価、指導 216
3　監査調書の点検、添削、評価、指導 216
4　監査結果通知書の点検、添削、送付 217
5　監査報告書の点検、添削、提出 217

Ⅳ　内部監査の手続と管理業務 221
1　監査人の監査手続と部長等の管理業務 221
2　監査要点の設定と検証の要領 230
3　実効を上げるための要件、手続、要領 231

Ⅴ　内部監査の品質管理及び評価等 ………………………… 235

　　1　内部監査の品質管理 ……………………………………… 235

　　2　内部監査の品質評価 ……………………………………… 237

　　3　内部監査の業績評価 ……………………………………… 243

第8章　監査部長としての留意事項

　　1　監査全般における留意事項 ……………………………… 246

　　2　予備調査における留意事項 ……………………………… 248

　　3　本格監査における留意事項 ……………………………… 249

　　4　意見表明における留意事項 ……………………………… 250

　　5　職務執行における留意事項 ……………………………… 251

法令用語の約束事 ………………………………………………… 256

索　引 ……………………………………………………………… 259

コラムの目次

　　1　スチュワードシップとアカウンタビリティ …………… 11

　　2　経済安定本部による内部統制と内部監査の勧め……… 28

　　3　通産省による内部統制と内部監査の勧め ……………… 69

　　4　会社経営者の役職 ………………………………………… 82

　　5　近代的内部監査のPennsylvania鉄道 ………………… 104

　　6　工場内部監査制度ノ参考（陸軍省経理局監査課）…… 156

　　7　内部統制と内部監査の関係 …………………………… 184

　　8　ライン組織とスタッフ組織 …………………………… 217

　　9　訓令、命令、号令 ……………………………………… 234

経営者の義務と用語の解説

　受委託関係とは、委託と受託の関係及び委託者と受託者の間の関係を言う。この場合、委託者を本人と言い、受託者を代理人とも言う。法律用語では、委託（者）を委任（者）と言い、受託（者）を受任（者）と言う。
　委託とは、法律行為や事務（＝仕事、業務）の処理を他人又は他の機関に依頼することを言い、法律用語では委任と言う。受託とは、これらの依頼（された業務）を引き受けることを言い、法律用語では受任と言う。
　エージェンシー理論で解説されている株主と経営者の受委託関係がその代表例であるが、上司と部下、会社と取引先等の間で普遍的に発生する。
　監査は、受託者が委託者に提出する報告書を点検して保証を与えることを期待されて自生した業務である。

I 経営者の義務

1 受委託関係

　1920年代に米国において所有と経営の分離が始まり、会社の所有者である株主（principal＝本人）に代わって専門経営者（agent＝代理人）が当該会社を経営する今日の株式会社の経営形態が形成されてきた。

　本人（委託者）とその代理人（受託者）を株主と経営者に置き換え、受委託関係の成立により経営者に課される義務をエージェンシー理論によって解説すると、次の通りである。

① 　株主総会における取締役選任決議により、株主と取締役の間に代理契約関係（＝受委託関係）が成立すると、取締役は会社の財産と使用人を管理、監督して適切に経営する義務（＝受託職務）とその結果を株主に報告する義務（＝説明義務）を負う。

② 　取締役は代理契約（≒会社定款）に抵触しない範囲内で自己利益の増大を意図して株主利益を損ねる行為に及ぶリスクがあるので、自己利益の保全及び最大化を意図する株主は、取締役が受託契約を適切に履行しているか否かのモニタリング（≒外部監査人による財務情報の収集）をしようとする。

③ 　そこで、取締役は、説明義務を果たす手段である財務報告について自発的に外部監査人の会計監査を受け、その結果を株主に報告する。

④ 　代理人である取締役の受託職務及び説明義務は、株主によって財務報告が承認された時点で、解除される。

⑤ 　監査は会計処理の適正性の検証及び保証の手段として生成及び発展した。監査を保証（assurance）業務と言う所以がここにある。

図表1：受託職務と説明義務

1　株主が専門的経営者に会社の経営を依頼したところ、同人がこれを受諾して代理人となり、依頼人と被依頼人の間に受委託関係が発生した。

2　受委託関係に基づき、受任者は受託職務及び説明義務を負い、委任者は監視（モニタリング）権限を得た。

　受託職務とは、受託者が受託した財貨を運用する義務（業務遂行義務）である。受託職務には、その成果又は遂行状況を説明する説明義務（結果報告義務）が伴なう。経営者は、財務報告によって、説明義務を果たす。

3　経営者は、受託職務の解除に必要な財務報告を作成しかつ監査人の監査証明を添付して、株主に提出する。

　株主による財務報告の承認をもって、経営者の説明義務が解除される。
　会計は説明義務の発生から解除に至る過程の財務的説明の手段として、監査は会計処理の適正性の検証手段として生成及び発展した。

2　受託職務、説明義務、開示義務

(1)　義務と責任の混同

　我々が今日使っている漢字の大部分は、明治前期の文明開化において横文字の言葉や概念を和訳する際に新たに作った語（新造語）である。

　フランス民法を模範として日本に三権分立を確立しようとした江藤新平は「誤訳も妨げず、ただ速訳せよ」と言ったと伝えられているが、新造語には江藤の言葉通りの誤訳が少なからずあり、今も訂正されずにいるものもある。例えば「受託責任」「説明責任」であり、正しい和訳は「受託職務」及び「説明義務」である。この誤訳は、国語辞典における義務と責任の混同からもたらされたものであろう。

義務

　大辞泉：人がそれぞれの立場に応じて当然しなければならない務め。

　大辞林：人が人として、あるいは立場上、身分上当然しなければならないこと。責務。

　広辞苑：自己の立場に応じてしなければならないこと、また、してはならないこと。

責任

　大辞泉：(1)　立場上当然負わなければならない任務や義務。

　　　　　(2)　自分のした事の結果について責めを負うこと。特に、失敗や損失による責めを負うこと。

　　　　　(3)　法律上の不利益または制裁を負わされること。特に、違法な行為をした者が法律上の制裁を受ける負担。主要なものに、民事責任と刑事責任とがある。

　大辞林：(1)　自分が引き受けて行わなければならない任務。義務。

　　　　　(2)　自分がかかわった事柄や行為から生じた結果に対して負う義務や償い。

⑶　法律上の不利益または制裁を負わされること。狭義では、違法な行為をした者に対する法的な制裁。民事責任と刑事責任とがある。

広辞苑：⑴　人が引き受けてなすべき任務。

⑵　政治・道徳・法律などの観点から非難されるべき責（せめ）・科（とが）。

(2)　国語辞典と英和辞典の誤り

　以上に掲げた通り、各辞典の「責任」の解説で最初に出てくるものが「義務」の解説と同様のものである。これは、「義務と責任が同義語」であることを意味し、国語辞典上の重大な誤りである。

　文明開化において国語辞典を編纂したのは大和言葉と漢語に長けた人たちであり、英語、独語、仏語等の和訳と意味についてはその語学に長けた人たちの助けを得て、又は彼らの編纂した英和、独和、仏和等の和訳辞書を参考にして、国語辞典を編纂したのであるが、その際にしっかりと監修しなかったため「義務」と「責任」の⑴が同様のものとなる誤りが生じた。この誤りは、英和辞典における「responsibility」の誤訳から生じたものであろう。

　英語に長けた人たちも「responsibility」という英単語の和訳には苦労をしたようで、殆どの英和辞典は「責任、義務、責務」と羅列している。これが国語辞典において「義務」と「責任」の混同をもたらした原因であろう。因みに、「責務」とは「責任と義務」のことである。

　Cambridge English Dictionaryは、英単語「responsibility」について「duty（義務）」と「blame（責任）」に区分して説明している。つまり、「responsibility」には「義務」と「責任」という２つの異なる概念が含まれているのであるから、英和辞典においてはこの２つを明確に区分して説明する必要があり、国語辞典においては「責任」の最初の「義務」を意味する説明を削除する必要がある。

(3) 義務と責任

果たすべきものは義務であり、それを果たさないと責任を問われる。会社経営の受託者は、株主との受委託関係の成立によって、受託職務と説明義務を一揃えで付与される。この2種類の義務は委託者と受託者の間だけに発生しかつ受託者が果たすべき義務である。

代理経営者は、会社法で定める事業報告の提出によって、説明義務を果たすとともに、金融商品取引法で定める有価証券報告書の提出も求められている。

(4) 受託職務

これは、stewardshipの意訳であり、財産管理を委託されたsteward（家令）としての職務であるから、受託職務と表記するのが適当である。

「-ship」は、「職」を表わしており、「責任」と訳すのは誤りである。

その趣旨は、委託された業務を委託者のために行なう職務、受託した財産を委託者のために管理運用する職務である。

後述する「スチュワードシップ・コード」は、「資金運用の受託者は委託者（アセット・オーナー）の利益を念頭に受託資金を管理運用しなければならない」とする資金運用者の行動規範である。「コーポレートガバナンス・コード」は、「会社経営の受託者は株主の利益を念頭に経営しなければならない」とする代理経営者の行動規範である。

(5) 説明義務

これは、accountabilityの和訳であり、会社の経営という受託職務を適切に遂行したことを委託者である株主に報告する義務である。

(6) 情報開示義務

これは、disclosureの和訳であり、会社の経営者が金融商品取引法で定める有価証券報告書の提出により果たすべき、情報公開義務である。

3　民法の規定

　民法は、委託（委任）と受託（受任）の関係、受託者に課される受託職務と説明義務について、次の通り規定している。

（委任）

第643条　委任は、当事者の一方が法律行為をすることを相手方に委託し、相手方がこれを承諾することによって、その効力を生ずる。

　これが、受委託（契約又は）関係の成立を意味する。この契約については、文書として取り交わす必要がない。

（受任者の注意義務）

第644条　受任者は、委任の本旨に従い、善良な管理者の注意をもって、委任事務を処理する義務を負う。

　これが、「善管注意義務」と略称されている受託者が受託職務を遂行する際に払うべき注意義務である。「事務」とは、仕事のことである。

（受任者による報告）

第645条　受任者は、委任者の請求があるときは、いつでも委任事務の処理の状況を報告し、委任が終了した後は、遅滞なくその経過及び結果を報告しなければならない。

　これが、委託者に対する受託者の説明（＝報告）義務である。

4　会社法の規定

　会社法は、会社と役員の関係について、次の通りに規定している。

第329条　役員（取締役、会計参与及び監査役をいう…）及び会計監査人は、株主総会の決議によって選任する。

第330条　株式会社と役員及び会計監査人との関係は、委任に関する規定に従う。

会社法は、経営者の説明義務（報告義務）について、次の通りに規定している。

（計算書類等の作成及び保存）

第435条　株式会社は、法務省令で定めるところにより、その成立の日における貸借対照表を作成しなければならない。

2　株式会社は、法務省令で定めるところにより、各事業年度に係る計算書類及び事業報告並びにこれらの附属明細書を作成しなければならない。

（計算書類等の監査等）

第436条　監査役設置会社においては、前条第2項の計算書類及び事業報告並びにこれらの附属明細書は、法務省令で定めるところにより、監査役の監査を受けなければならない。

2　会計監査人設置会社においては、次の各号に掲げるものは、法務省令で定めるところにより、当該各号に定める者の監査を受けなければならない。

　　一　前条第2項の計算書類及びその附属明細書　監査役及び会計監査人

　　二　前条第2項の事業報告及びその附属明細書　監査役

3　取締役会設置会社においては、前条第2項の計算書類及び事業報告並びにこれらの附属明細書は、取締役会の承認を受けなければならない。

（計算書類等の株主への提供）

第437条　取締役会設置会社においては、取締役は、定時株主総会の招集の通知に際して、法務省令で定めるところにより、株主に対し、前条第3項の承認を受けた計算書類及び事業報告を提供しなければならない。

（計算書類等の定時株主総会への提出等）

第438条　…取締役は、当該各号に定める計算書類及び事業報告を定時株主総会に提出し、又は提供しなければならない。

　　一　監査役設置会社　監査を受けた計算書類及び事業報告

　　二　会計監査人設置会社　監査を受けた計算書類及び事業報告

　　三　取締役会設置会社　承認を受けた計算書類及び事業報告

（監査役の権限）

第381条　監査役は、取締役の職務の執行を監査する。監査役は、法務省令で定めるところにより、監査報告を作成しなければならない。

2　監査役は、いつでも、取締役及び会計参与並びに支配人その他の使用人に対して事業の報告を求め、又は監査役設置会社の業務及び財産の状況の調査をすることができる。

3　監査役は、その職務を行うため必要があるときは、監査役設置会社の子会社に対して事業の報告を求め、又はその子会社の業務及び財産の状況の調査をすることができる。

（会計監査人の権限等）

第396条　会計監査人は、次章の定めるところにより、株式会社の計算書類及びその附属明細書、臨時計算書類並びに連結計算書類を監査する。この場合において、会計監査人は、法務省令で定めるところにより、会計監査報告を作成しなければならない。

5　金融商品取引法の規定

　金融商品取引法は、投資者の保護に資するため、有価証券報告書及び内部統制報告書の作成並びにそれらに対する公認会計士又は監査法人による監査証明の取得を上場会社に義務付けている。

（有価証券報告書の提出）

第24条　有価証券の発行者である会社は、その会社が発行者である有価証券が次に掲げる有価証券のいずれかに該当する場合には、内閣府令で定めるところにより、事業年度ごとに、当該会社の商号、当該会社の属する企業集団及び当該会社の経理の状況その他事業の内容に関する重要な事項その他の公益又は投資者保護のため必要かつ適当なものとして内閣府令で定める事項を記載した報告書（有価証券報告書）を…期間内に、内閣総理大臣に提出しなければならない。

（財務計算に関する書類その他の情報の適正性を確保するための体制の評価）

第24条の4の4　第24条第1項の規定による有価証券報告書を提出しなければならない会社のうち、第24条第1項第1号に掲げる有価証券の発行者である会社その他の政令で定めるものは、内閣府令で定めるところにより、事業年度ごとに、当該会社の属する企業集団及び当該会社に係る財務計算に関する書類その他の情報の適正性を確保するために必要なものとして内閣府令で定める体制について、内閣府令で定めるところにより評価した報告書（内部統制報告書）を有価証券報告書と併せて内閣総理大臣に提出しなければならない。

（公認会計士又は監査法人による監査証明）

第193条の2　金融商品取引所に上場されている有価証券の発行会社その他の者で政令で定めるもの（次条において「特定発行者」という。）が、この法律の規定により提出する貸借対照表、損益計算書その他の財務計算に関する書類で内閣府令で定めるもの（第4項及び次条において「財務計算に関する書類」という。）には、その者と特別の利害関係のない公認会計士又は監査法人の監査証明を受けなければならない。…

2　金融商品取引所に上場されている有価証券の発行会社その他の者で政令で定めるもの（第4号において「上場会社等」という。）が、第24条の4の4の規定に基づき提出する内部統制報告書には、その者と特別の利害関係のない公認会計士又は監査法人の監査証明を受けなければならない。

　以上が、金融商品取引法の規定する「企業内容等開示（ディスクロージャー）制度」の概要である。

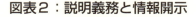

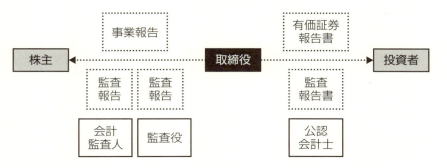

図表2:説明義務と情報開示

> **column 1** スチュワードシップとアカウンタビリティ
>
> 　スチュワードシップ（stewardship＝家令の職務）とは、受託者である家令が委託者である主人のためにその財産の管理をする職務であり、受託職務と意訳する。これは、株主と代理経営者の関係或いはアセット・オーナーとアセット・マネジャーの関係における代理人の職務を意味する。
>
> 　この用語は、英国貴族のカントリー・ハウスやステイトリー・ホームで土地差配を含む領主の財産の管理をした家令を意味するstewardに職務を表わす-shipを付けたものである。
>
> 　アカウンタビリティ（accountability）とは、受委託関係の成立によって受託職務とともに受託者に課される、自身が遂行した受託職務の結果及び状態等を委託者に説明又は報告する義務であり、説明義務と和訳する。
>
> 　この用語は、accountingとresponsibilityから成る合成語という解説もあるが、理由説明のaccountに能力の-abilityを付けたものと理解するのが合理的であり、単に説明をする義務ではなく、承諾して貰えないと制裁を受けるほどに重い弁明である。そもそも、スチュワードシップが存在しなければ、アカウンタビリティも存在しない。

 **用語解説**

会社（corporation）

「会社」とは、法律学の概念であり、営利を目的とする法人化された企業（営利社団法人）を言う。

英語の「corporation」は、ラテン語の「corpus（体）」を語源とする「corporate」に由来する「法人」「団体」を意味する。

企業（company）

「企業」とは、経済学の概念であり、広く「事業を営む経済単位」を言う。

英語の「company」は、ラテン語の「com」と「pānis」の合成語で、「一緒にパンを食べる仲間」＝「同じ釜の飯を食う仲間」を意味する。

日本初の株式会社と誤解された坂本龍馬の亀山社中は、定款の定めがなく株式も発行していないので、会社ではなく、企業であった。

株式（stock、share）と株主（stockholder、shareholder）

「stock、stockholderは米語、share、shareholderは英語である」という解説が多数の英和辞典に見られるが、stockは株式の全体であり、それを均一の同質な割合的単位に分割したものがshareである。

「stock、stockholder」とは、株主が会社又はその資産を持つことに着目した表現である。

「share、shareholder」とは、株主が会社又はその資産の分割された部分（持分）を持ち合うことに着目した表現である。

つまり、資本金の全体に着目した株式及び株主を意味するのが「stock、stockholder」であり、その部分（均一の同質な割合的単位）に着目した株式及び株主を意味するのが「share、shareholder」である。

企業統治 → 会社統治

　従って、「corporate governance」の正しい和訳は、「企業統治」ではなく、「会社統治」である。

取締役（directors）

　取締役とは、業務執行の決定、業務の執行、取締役及び執行役の職務執行の監督等を行なう株式会社における必置機関である。

執行役（executive officers）

　執行役とは、指名委員会等設置会社における業務執行機関である。

執行役員（operating officers）

　執行役員とは、会社法上の執行役とは異なり、株式会社の業務執行を担当する重要な使用人の任意の役職である。

　執行役員は、会社法上の「支配人」と同等の機能を有するので、取締役会で選解任される（会社法第362条第4項第3号）。

役員／会社役員

会　社　法：役員とは、取締役、会計参与及び監査役を言う（第329条）。

施行規則：役員とは、取締役、会計参与、監査役、執行役、理事、監事その他これらに準ずる者を言う（第2条第3号）。会社役員とは、取締役、会計参与、監査役、執行役を言う（第2条第4号）。

役員等

会　社　法：役員等とは、取締役、会計参与、監査役、執行役、会計監査人を言う（第423条）。

執行役等

会　社　法：執行役等とは、執行役及び取締役を言う（第404条）。

選任と解任

　選任とは不特定の者の中から選ぶことを言い、解任とは選任した者の地位を解くことを言う。

　取締役及び監査役の選任及び解任は、株主総会決議によって行なう。

　支配人及び執行役の選任及び解任は、取締役会決議によって行なう。

選定と解職

選定とは選任された特定の者の中から更に一定の権限を有する者を選ぶことを言い、解職とは選定した者の地位を解くことを言う。

代表取締役、代表執行役、指名委員、報酬委員、監査委員の選定及び解職は、取締役会決議によって行なう。このため、監査委員は、監査役及び監査等委員と異なり、その独立性が担保されていない。

常勤監査役の選定及び解職は、監査役会決議によって行なう。

取締役の業務

取締役の業務とは、株式会社の経営活動に関する業務（定款に定めた業務）を意味する。

取締役会の職務

取締役会の職務とは、取締役会がする総ての行為（定款に定めた業務、会議の招集、討議、決議、新株発行、社債募集、合併、会社を代表する訴訟行為等）を意味する。

業務の決定＝業務執行の決定

業務の決定又は業務執行の決定とは、取締役会又は執行役会若しくは代表執行役による事業戦略等の決定、経営目標の設定、それらの達成に必要な経営資源の調達及び配分の決定、役員及び使用人を管理する方法及び手段の決定等の意思決定を意味する。

業務の執行

取締役又は執行役による業務の執行とは、取締役又は執行役が取締役会、執行役会又は代表執行役による業務の決定又は業務執行の決定内容及び定款に定めた業務等の実行を意味する。

義務

義務とは、自己の立場に応じてしなければならないこと（作為義務）及びしてはならないこと（不作為義務）を意味する。

例えば、保険契約の際の「告知義務」並びに職務上知り得た秘密及び個人情報の非開示という「守秘義務」等がある。

責任

　責任とは、自己に課された作為又は不作為義務を怠ったときに負わされる責（せめ）、科（とが）、償（つぐない）という一定の制裁、新たな義務その他の不利益を意味する。

・刑事責任：懲役、禁錮…責…自由刑

　　　　　　罰金、科料…科…財産刑

・民事責任：損害賠償 … 償

　国民は所得の一部について税金を納付する義務を負っており、これに違反した者は、5年以下の懲役若しくは5百万円以下の罰金（脱税額が5百万円超の場合は、その相当額）又はその併科に処される。これが、違反者に負わされる責任（新たな義務）である。

責務

　責務とは、責任と義務を圧縮したものである。

任務

　任務とは、課せられた仕事及び果たすべき務めを言う。

職務

　職務とは、一般には、担当している任務、役目、務めを言う。

法律

　法律とは、憲法の定める方式に従って、国会（衆参両議院）の議決を経て制定される、国法の形式を言う。

命令

　命令とは、法律の委任により制定される政令、内閣府令、省令を言う。

・政令：内閣が制定する命令　例：会社法施行令

・省令：各府省の大臣が発する命令　例：法務省令＝会社法施行規則

・通達：行政内部の命令

法令 (laws and ordinances)

　法令とは、法律（国会が制定する法規範）及び命令（国の行政機関が制定する法規範）の総称であり、次の3段階で構成されている。

序

経営者の義務と用語の解説

15

○○法（法律）、○○法施行令（政令）、○○法施行規則（省令）

法規（laws and regulations）

法規とは、法律と規則の総称である。

規制（regulation）

規制とは、公的規則による行為及び物事の制限を言う。

規則（rule）

規則とは、行為及び事務手続等が、それに基づいて行なわれるように定めた一般的な決まり事又は拠り所を言う。

規範

規範とは、物事の判断及び行動の基準となる模範を言う。

規準

規準とは、物事の判断及び行動の手本となる規範を言う。

基準

基準とは、物事の判断及び行動の基礎となる拠り所を言う。

標準

標準とは、物事の判断及び行動の目安、程度、数値を言う。

本則

本則とは、基本となる条項を総括的に纏めたものを言う。

準則

準則とは、本則の特定の内容について詳しく定めたものを言う。

細則

細則とは、準則内容の運用方法等の細目を定めたものを言う。

附則

附則とは、ある規則を補充するために付加されたものを言う。

法則

法則とは、守らなければならない決まり事を言う。

原則

原則とは、多くの場合に当てはまる基本的な決まり事を言う。

規程

規程とは、一定の目的のために定められた条項の総体及びその題名を言う。法令用語としては、規定との区別が紛らわしいので、規則と言い換える。会社においては、役職員が遵守すべき決め事の題名を言う。

規定

規定とは、法令における個々の条項の定めを言う。会社においては、規程及び基準等の個々の条項の定めを言う。

監督（supervision）

監督とは、例えば、取締役及び使用人の職務の執行が法令及び定款に適合して目標を達成するよう監視して指揮及び命令をする業務である。通常は、指揮及び命令に服従させる手段としての人事権を持つ。

監察（inspection）

監察とは、監督をするために査察することを言う。

査察（surveillance）

査察とは、ある物事の状態を実際に視察することを言う。

視察（visitation）

視察とは、実情を知るために実地を見ることを言う。

観察（observation）

観察とは、物事の状態や変化を注意深く見ることを言う。

監視（monitoring / oversight）

監視には、モニタリングとオーバーサイトの２種類がある。

モニター／モニタリングとは、物事の変化を継続的に観察することであり、リスク・マネジメントの分野では、異常な変化を適時に感知して迅速に対処するため、特定の物事を継続して注視することを意味する。

オーバーサイトとは、不都合な事態の発生を阻止するため、警戒して特定の人物の動向等を見張ることを意味する。

例えば、取締役又は執行役の職務の執行が法令及び定款等に適合しているかどうかを確かめるため、その行動を注視することを意味する。

序

経営者の義務と用語の解説

監査（audit / auditing）

　監査とは、誰が誰のため、何のために行なうかによって方法と内容に違いがあるが、基本的に、①決め事を遵守しているか、②計算に誤りがないか、③効率よくかつ有効に行なっているかどうか、④所期の目標を達成しているか、⑤異常な事態が発生していないか等を証拠に当たって確かめることを意味する。

　監査の基本は自ら証拠に当たって事実を確認することであり、「内部統制システムを利用した組織的監査」なるものは錯覚の産物である。

　監査人は、監査先に助言及び勧告をするだけであり、指揮及び命令をしてはならない。これが、監査人にとって必要な独立性の確保であり、監督との相違点である。因って、「監査は監督検査が圧縮されたもの」との解説は誤りである。第3章のⅠを参照されたい。

調査（research / examination）

　調査とは、物事の実態及び動向を明確にするため調べることを言う。

検査（inspection）

　検査とは、一定の基準に照らして、物事の実態及び動向等における、異常の有無、適不適等を調べることを言う。

検証（verification）

　検証とは、証拠によって、真偽、事実、実態を確かめることを言う。

捜査（investigation）

　捜査とは、犯人の捜索及び保全、証拠の収集及び保全等の捜査機関の活動を言う。

精査／精細監査（complete checking / detailed audit）

　精査とは、母集団から総ての項目を抽出し、それに対して監査手続を実施する監査方法を言う。

試査（test checking / testing audit）

　試査とは、母集団から一部の項目を抽出し、それに対して監査手続を実施して、全体の正否を推定する監査方法を言う。

税務調査（tax examination）と査察調査（tax investigation）

通常の税務調査は、所得税法及び法人税等に規定された質問検査権に基づいて行なう任意調査であるが、査察調査は、臨検、捜索、差押等の権限を持つ調査官が国税犯則取締法に基づいて行なう強制調査である。

税関検査（customs Inspection）

税関検査とは、税関で申告書類を点検し、申告書記載の貨物と実際の貨物が同一のものであるか、税番が正しいか等を確認することを言う。

金融検査（financial inspection）

金融検査とは、信用秩序の維持及び預金者の保護を目的に、金融庁の検査官が銀行法等に基づき、金融検査マニュアル又は同別冊を使用して実施する検査を言い、銀行検査とも呼ばれている。

検査には、金融機関の経営全般を年1回定期的に実施する通常検査、大手銀行の大口融資先の状況を集中的に調べる特別検査、大口融資先の融資状況を追跡調査する大口与信管理態勢検査がある。

金融庁は2018年7月17日、オンサイト・モニタリング（立入検査）を担ってきた検査局を廃止してオフサイト・モニタリング（聞取調査）を担当する監督局に統合し、モニタリングの効率化を目指している。

日銀考査（bank surveillance by the Bank of Japan）

日本銀行は、取引先金融機関との間で考査契約に基づき、考査（立入調査）及びオフサイト・モニタリングを行ない、助言をしている。

管理／経営管理／マネジメント（management）

管理／経営管理／マネジメントとは、組織目標を効果的かつ効率的に達成するため、人員、資金、物品、情報の4つの資源を調達し、適切に配分し、有効に活用して当該組織の維持及び発展を図る活動を言う。

管理／アドミニストレーション（administration）

管理／アドミニストレーションとは、一定の規準から外れないよう、全体を統制すること、物事が円滑に運ぶよう、事務を処理し、設備等を保存維持する等、上手く取り扱うことを言う。

統制／制御／コントロール（control）

統制／制御／コントロールとは、ばらばらな多くの人及び物を1つに纏めて統率すること、目標達成のために部下の行動を合理性及び能率の面から監督することを言う。統制は、管理の1手段である。

統治／支配／ガバナンス（governance）

統治／支配／ガバナンスとは、主権者が個人又は集団を自己の意思、命令、行動に服従させ、治めることを言う。

アセット・オーナー（asset owner）

アセット・オーナーとは、年金基金等の資産（アセット）の保有者である機関を言う。最終受益者から受託し、インハウスで又はアセット・マネジャーへの外部委託により、最終受益者のために、受託資産の運用及び管理を行なう。

粉飾（window-dressing）

粉飾とは、決算数値を実際よりもよく見せるために、利益を過大表示する行為であり、資産、収益、利益の過大計上及び負債、費用、損失の過小計上によって行なわれる。

不正な財務報告（fraudulent financial reporting）

不正な財務報告とは、計上すべき金額を計上しない及び必要な開示をしない等の、財務諸表の意図的な虚偽の表示を言う。

アセット・マネジャー（asset manager）

アセット・マネジャーとは、資産運用の受託者を言う。第三者機関として顧客（投資者）から資産の委託を受け、効率的に運用及び管理する組織であり、投資顧問会社及び信託銀行等が該当する。

フィデュシアリー・デューティ（fiduciary duty）

スチュワードシップとは、受託者が委託者のためにその財産の管理をする職務であり受託職務と意訳するが、この用語と概念は英国以外では浸透していないため、ICGN（The International Corporate Governance Network）は、フィデュシアリー・デューティを使用している。

筆者は、スチュワードシップの意訳である受託職務との混同を避ける
ため、「受託者の義務」と和訳している。

スチュワードシップ・コード（stewardship code）

　スチュワードシップ・コードとは、資産運用の受託者に対し、投資先
経営者と対話をして中長期的企業価値の向上・持続的成長を促すことに
より、その委託者である資産保有者の中長期的収益の拡大を図ることを
目的とするよう要求した、受託者の行動規範である。

コーポレートガバナンス・コード（corporate governance code）

　コーポレートガバナンス・コードとは、上場会社が株主等の利害関係
者の立場を踏まえて透明・公正かつ迅速・果断な意思決定をするための
実効的コーポレート・ガバナンスの実現に資する主要原則を取り纏めた
経営者の行動規範である。

　本コードは、「OECDコーポレート・ガバナンス原則」を骨格として
おり、「株主の権利・平等性の確保」「株主以外のステークホルダーとの
適切な協働」「適切な情報開示と透明性の確保」「取締役会等の責務」
「株主との対話」の5つの基本原則から成る。

ハード・ロー（hard law）

　ハード・ローとは、法律、規則、条例等の権力による強制力を持つ、
法規範を言う。

ソフト・ロー（soft law）

　ソフト・ローとは、株式の上場基準、JIS規格、JAS規格等の権力に
よる強制力は持たないが、違反をすると経済的及び道義的不利益をもた
らす、社会規範を言う。

ルール・ベース（rule base）

　ルール・ベースとは、ある物事の取組方法について、広範かつ詳細な
記述によって判断基準及び処理基準等を設定する立場又は方法を言い、
「細則主義」と和訳する。この場合、漏れや抜道をついて骨抜にされかね
ないので、詳細かつ膨大な規準の設定が必要となる。

因みに、ルール（rule）とは社会及び会社等で秩序及び機能等を維持するために、互いに守るべき一般的な決め事を言い、レギュレーション（regulation）とは法律的意味合いの強い規則及び規制等を言う。

プリンシプル・ベース（principle base）

プリンシプル・ベースとは、ある物事の取組方法について、詳細かつ膨大な規準を設定せず、原理原則的な考え方だけを示す立場又は方法を言い、「原則主義」と和訳する。

コンプライ・オア・エクスプレイン・ルール（comply or explain rule）

コンプライ・オア・エクスプレイン・ルールとは、原則主義においてその実効を確保するため、「原則を遵守せよ、そうでない場合は説明をせよ」という決め事であり、単に説明をすればよいというものでなく、説明が聞き入れられないときは、それなりの処分を受ける。

システム（system）とプロセス（process）

システムは、人、物、組織等をコントロールするための、決め事から成る仕組であり、「体制」と和訳されている。

プロセスは、システムという決め事を実践又は実行する行動であり、「態勢」と和訳されている。そうさせることを「運用」すると言う。

インベストメント・チェーン（investment chain）

インベストメント・チェーンとは、投資対象企業の中長期的な価値の創造のより、それに伴なう配当及び賃金の上昇が、最終的に家計にまで還元されるという「顧客・受益者から投資先企業へと向かう投資資金の流れ」を指し、投資の連鎖を意味する。

役員会のアドバイザリー、マネジメント、モニタリングの各モデル

アドバイザリー・モデルは、監査役等の監督権を持たない者が助言・勧告・権勢を行なう形態を言う。

マネジメント・モデルは、専ら業務執行の決定を行なう形態を言う。

モニタリング・モデルは、専ら業務執行の監視と経営執行者に対する勧告を行なう形態を言う。

第1章

コーポレート・ガバナンスと
内部統制と内部監査の関係

コーポレート・ガバナンスは、株主及びその他の利害関係者の利益を考慮して、会社を健全かつ継続的に発展させるための仕組である。

内部統制は、経営方針の実行、経営目標の達成、その積重ねによる会社の健全かつ継続的発展を実現するため社内に構築する全役職員が遵守すべき決め事から成る、経営管理の仕組である。

内部統制の体制の中核はリスク・マネジメントであり、その中にコンプライアンスが含まれる。

内部監査は、経営者が、自らに課された善管注意義務、忠実義務、監視義務を適切に遂行するために、内部監査人に委託して行なわせる、経営管理手段の1つである。

コーポレート・ガバナンスと内部統制と内部監査

1 コーポレート・ガバナンスとは

　英語のgovernanceの語源はラテン語のgubernare（舵取）であり、コーポレート・ガバナンスとは会社の舵取を意味する。
　コーポレート・ガバナンスについては、その切り口や捉え方によって異なる様々な定義があるが、その総括的概念は次のようなものであると理解すればわかりやすいのではないか。
　　企業統治と和訳されているコーポレート・ガバナンスとは、会社の意思決定と業務執行が株主その他利害関係者の利益を考慮し、法令を遵守し、効率的に実施され、会社が健全かつ継続的に発展するようにするための、会社経営者に対する株主その他利害関係者による働き掛け、モニタリング（監視）、コントロール（統制）又はその仕組である。

　コーポレート・ガバナンスという概念は、会社の所有と経営の分離が進んだ米国において俸給経営者（雇われ経営者）による会社の私物化が顕著となった1920年代に生まれ、株主利益の最大化を図るため、代理人である俸給経営者を如何に監視及び監督すればよいかという観点でその仕組が検討され、形成されてきた。

　米国においては、ニュー・ヨーク証券取引所（New York Stock Exchange：NYSE）が1956年に2名以上の社外取締役の設置及び取締役会の監視機能の強化を義務付け、1977年に非業務執行取締役だけで構成する監査委員会の設置を義務付けた。

連邦政府は、SEC登録会社に対するコーポレート・ガバナンスを強化して米国証券市場の信用を回復するため、監査人、公開会社、最高経営執行者等、アナリスト等の義務と責任、監督機関の権限と予算、不正に対する罰則等を強化した2002年サーベインズ・オクスリー法（SOA）を2002年7月30日に制定した。

日本においては、戦後、安定株主の確保を目的とする株式持合が進行した。その一方では、銀行がコーポレート・ガバナンスを担うメイン・バンク・システムが形成されたが、1988年に崩壊した

東京証券取引所は、2004年3月にコーポレート・ガバナンスに関する基本的な考え方及びその施策の実施状況を決算短信に記載するよう上場会社に求めていたが、2006年3月にコーポレート・ガバナンスに関する報告書における開示に変更した。

近年は、会社法、東京証券取引所の有価証券上場規程、コーポレートガバナンス・コード等の規定により、次のような形で、コーポレート・ガバナンスの強化が図られてきている。

＊監査役（会）、監査等委員会、指名・報酬・監査委員会等の機関の設置

＊それらの機関における社外監査役又は社外取締役数の増大

2　コーポレート・ガバナンスと内部統制の関係

コーポレート・ガバナンスとは、会社の健全かつ継続的発展を可能にするための経営者に対する会社外部者によるコントロール（外部統制）であるから、会社経営者はその要請に応え適時適切に経営するために、会社の構成員の作為義務及び不作為義務（しなければならないこと及びしてはならないこと）を明記した社内規程及び基準等の整備により内部統制体制（仕組）を構築し、かつ適切に実行（決め事を遵守して行動）させなければ（運用しなければ）ならない。

内部統制体制は、経営方針を実行するため、経営目標を達成するため、その積重ねにより健全かつ継続的発展という事業目的を実現するために設定する、総ての役職員が遵守すべき決め事から成る経営管理の仕組であり、作為義務及び不作為義務から成る決め事を実行する態勢が伴なわないと（体制を構築するだけでは）、有効に機能しない。

3 内部統制とは

内部統制とは、組織の健全運営に有用かつ不可欠の経営管理用具又は手段の1つであるが、会社法では「取締役の職務の執行が法令及び定款に適合することを確保するための体制その他株式会社の業務並びに当該株式会社及びその子会社から成る企業集団の業務の適正を確保するために必要なものとして法務省令で定める体制」と言う。

この中核はリスク・マネジメントであり、その中に、法令遵守＋社会規範の尊重を意味する、コンプライアンスが含まれる。

株式会社の取締役は、民法第644条に規定する善良なる管理者の注意義務の一内容として、内部統制体制の整備を義務付けられ、会社法施行規則第118条第2号の規定により、当該体制の整備についての決定及び当該体制の運用状況の概要を事業報告に記載する義務を負っている。

監査役、監査等委員会、監査委員会は、当該体制の整備状況及び運用状況について、監査しなければならない。

通常は単に内部統制としか言わないが、厳密には、全般的内部統制と財務報告に係る内部統制の2種類がある。

＊全般的内部統制は、業務上の誤謬、怠慢、不正等の異常な事態の発生を予防し、異常な事態が発生しても透かさず発見し、是正する3つの自浄機能から成る体制（仕組）及び態勢（仕組の実行）である。

＊財務報告に係る内部統制は、不正な財務報告の発生を予防、発見、是正する3つの自浄機能から成る体制及び態勢である。

4 内部統制と内部監査の関係

　会社経営者が内部統制体制を整備する理由は、業務上のムリ、ムラ、ムダ、未対処の重大な金銭的及び名声的リスク、誤謬、怠慢、不正等の異常な事態の発生を予防するため、それが発生しても透かさず発見し、是正するためであるが、この体制を有効に機能させるためには、発見が不可欠である。

　潜在している異常な事態の発見及び是正によって更なる異常な事態の再発予防が可能になるので、発見のためのモニタリングが重要である。

　内部監査は、第3のディフェンス・ラインと呼ばれることからわかる通り、最も信頼のおける全社的モニタリング及び自浄機能である。

5 内部監査とは

　内部監査とは、経営者（取締役会又は最高経営執行者等）の自主的な判断によって、経営者に委託された事業体内部の者（内部監査人）又は事業体外部の者（公認会計士等）が委託者である経営者のために、その目となり耳となって実施する任意監査又は自主監査である。

　内部監査とは、経営者が、株主その他の利害関係者に対するコミットメントを実現するため、自らに課された受託職務を遂行するため、経営方針が社内各部署及び子会社の末端まで徹底されているかどうかを確かめるため、社内各部署及び子会社が目標を達成しているかどうかを確かめるため、更には、内部統制体制が有効に機能しているかどうかを確かめる等の自らの監視義務を遂行するため、内部監査人等に委託して行なわせる代理業務である。

　内部統制も内部監査も最高経営執行者の経営管理用具（management tools）の1つであるが、その属性は以下の通り異なる。

内部統制は、会社の健全かつ継続的発展のための手段であり、全社的に整備して総ての役職員が実践する仕組である。

内部統制は、会社の経営目標の達成、金銭的及び名声的打撃の予防、収益の拡大、資産の保全、健全かつ継続的発展等の、事業目的の実現のために整備する体制であり、総ての役職員が実践する態勢である。

内部監査は、個別内部監査の実施において、その職務の1つとして、内部統制の有効性を検証し、改善を提言する業務である。

内部監査は、会社の経営目標の達成、金銭的及び名声的打撃の予防、収益の拡大、資産の保全、健全かつ継続的発展等の、事業目的の実現を支援するために実施する、会社の健康診断及び加療上の助言である。

column2 経済安定本部による内部統制と内部監査の勧め

1950年の証券取引法の一部改正で第193条の2が追加され、上場会社が公表する財務諸表等に対する公認会計士監査が義務付けられた。

これに備えて経済安定本部企業会計基準審議会で監査基準の検討が進められ、1950年7月14日に『**監査基準（一般基準、監査実施基準、監査報告基準）**』及び『**監査実施準則**』が中間報告として公表された。

経済安定本部は、外部監査における試査の範囲を決定するための評価の手段として、内部統制組織の整備を重要視していた。

監査基準は、「監査を実施するには企業の側にその受入体制が整備されていなければならない。整然たる会計組織（会計制度）を備えて正確な会計記録を作成するとともに、内部牽制組織（≒内部統制体制）を設けて不正過失の発見防止に努め、…内部監査組織により自ら経常的に監査を行って会計記録の信頼性を確保すること等がこれである」と述べており、これがきっかけとなり、内部監査組織を設置する会社が徐々に増えていった。

 # コーポレート・ガバナンスの仕組

1 外国のコーポレート・ガバナンスの形態

(1) フランス及びドイツの監督役会による執行役のガバナンス

フランスで、1856年に執行役の業務を監視する機関として、監督役会の設置を義務付けた。ドイツでは、1861年に任意設置の機関として採用し、1870年に執行役の監督機関として監督役会の設置を義務付けた。

この形態は、監督者ボードと業務執行者ボードという2つの役員会で構成されるので、二層型又は二元制と呼ばれている。

日本ではつい最近まで「監査役会が取締役を選解任する」と誤って解説されてきたが、正しくは「監督役会が執行役を選解任する」である。

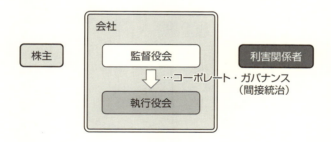

(2) 米国のボード構成員によるボード構成員の相互ガバナンス

1950年代に米国で取締役会構成員が他の構成員を監督する一層型又は一元制と呼ばれる形態が創設され、英国でも採用された。

しかしながら、取締役会議長兼最高経営執行者が強大な権限を保持し、ガバナンス機能を発揮できなかった。

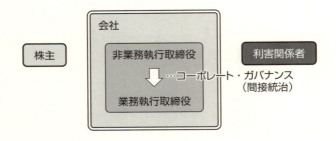

(3) 米国の取締役会による業務執行者のガバナンス

　Enron及びWorldCom等の不正事件を教訓に最高経営執行者に対するコーポレート・ガバナンスの強化が求められて、取締役会の中に過半数を独立取締役で構成する指名、報酬、監査の３委員会を設置し、業務執行者（取締役（directors）若しくは執行役（officers）又はその兼務者）を監視及び監督する二層型又は二元制の形態を確立した。

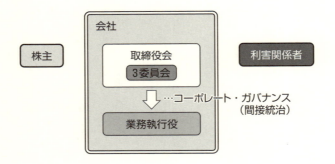

　取締役会は業務執行役の監督に専念し業務執行役が業務執行を決定するのが、モニタリング・モデルと呼ばれる米国型コーポレート・ガバナンス形態であるが、取締役会議長が最高経営執行者を兼務できるので、委員会構成員の独立性の確保がその実効性の確保の上での根本的課題である。
　フランス及びドイツ型との外見的相違点は、３委員会の有無である。

2　日本のコーポレート・ガバナンスの形態

(1)　日本の監査役設置会社のガバナンス

　取締役会による取締役の業務の執行の決定及び職務の執行の監督並びに監査役による取締役の職務の執行の監査という日本独特の伝統的形態が、二元制一層型の監視及び監督並びに監査の形態である。

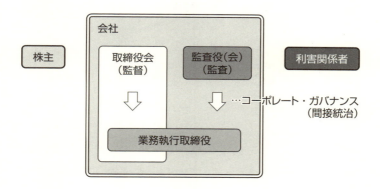

(2)　日本の指名委員会等設置会社のガバナンス

　これは、(3)の米国型と同様の形態に見えるが、重要な業務執行の一部を取締役会が決定するので、完全なモニタリング・モデルではない。

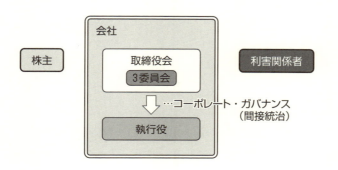

(3) 日本の監査等委員会設置会社のガバナンス

　株主総会で監査等委員となる取締役と業務執行する取締役が区別して選任され、業務執行の決定を取締役会で行なうか（マネジメント・ボードとなるか）それとも業務執行取締役に委任するか（モニタリング・ボードとなるか）の何れかを選択できるガバナンス形態である。

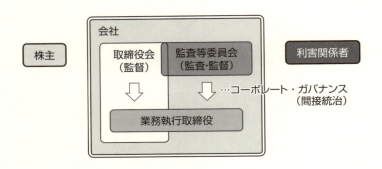

　日本の会社法は、社外取締役による業務執行取締役又は執行役の監視及び監督、社外監査役による取締役の監視という観点で、コーポレート・ガバナンスを規定している。
　(1)及び(3)の形態の取締役会は一層型又は一元制であるから、そこでの監督は、いわゆる自己監督であり、その有効性に疑問が残る。
　(1)の形態では取締役及び監査役は株主総会で選任及び解任され、(3)の形態でも業務執行取締役及び監査等委員である取締役は株主総会で選任及び解任されるのに対し、(2)の形態では監査委員は取締役会で選定及び解職されるので、その独立性が確保されていない。

　「ガバナンス」という用語は取締役会による経営者に対するガバナンス（corporate governance）と業務執行取締役又は執行役による使用人に対するガバナンス（in-house governance、社内統治）という2種類の意味で使用されるので、その何れかを明確にして話さないと混乱する。

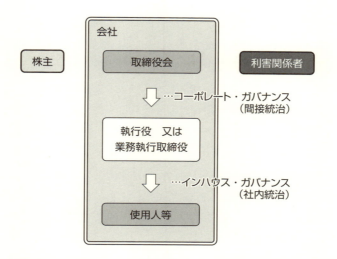

3 スチュワードシップ・コード

　2013年6月の閣議で日本経済再生に向けた①大胆な金融政策、②機動的財政出動、③民間投資を喚起する成長戦略の3政策が決定された。

　これに基づき、金融庁の主導で日本版スチュワードシップ・コードが作成され、2014年2月27日に「責任ある機関投資家」の諸原則≪日本版スチュワードシップ・コード≫として公表された。

　本コードは、英国に倣い、資産運用の受託者である銀行、証券会社、保険会社、年金基金等の機関投資家に対し、投資先経営者と対話をして中長期的企業価値の向上と持続的成長を促すことにより、その委託者である資産保有者の中長期的収益の拡大を図ることを目的とするよう要求した、資産運用の受託者にとっての行動規範である。

　本コードは、次の7原則及び21の指針で構成されている。
1. 機関投資家は、スチュワードシップ責任を果たすための明確な方針を策定し、これを公表すべきである。

2．機関投資家は、スチュワードシップ責任を果たす上で管理すべき利益相反について、明確な方針を策定し、これを公表すべきである。

3．機関投資家は、投資先企業の持続的成長に向けてスチュワードシップ責任を適切に果たすため、当該企業の状況を的確に把握すべきである。

4．機関投資家は、投資先企業との建設的な「目的を持った対話」を通じて、投資先企業と認識の共有を図るとともに、問題の改善に努めるべきである。

5．機関投資家は、議決権の行使と行使結果の公表について明確な方針を持つとともに、議決権行使の方針については、単に形式的な判断基準にとどまるのではなく、投資先企業の持続的成長に資するものとなるよう工夫すべきである。

6．機関投資家は、議決権の行使も含め、スチュワードシップ責任をどのように果たしているのかについて、原則として、顧客・受益者に対して定期的に報告を行うべきである。

7．機関投資家は、投資先企業の持続的成長に資するよう、投資先企業やその事業環境等に関する深い理解に基づき、当該企業との対話やスチュワードシップ活動に伴う判断を適切に行うための実力を備えるべきである。

　本コードは、機関投資家が取るべき行動を詳細に規定する「ルール・ベース・アプローチ」（細則主義）ではなく、「プリンシプル・ベース・アプローチ」（原則主義）を採用し、その上で、いわゆる「コンプライ・オア・エクスプレイン」（原則を実施するか、実施しない場合には、その理由を説明するか）の手法を採用している。

　コーポレート・ガバナンス改革を「形式」から「実質」に深化させるため、2017年5月29日に日本版スチュワードシップ・コードの改訂版が公表された。

本コードの改訂版において、7原則についての変更はないが、指針が30に増えている。

改訂版は、「資産運用者としての機関投資家」を「運用機関」に変え、「資産保有者としての機関投資家」を「アセット・オーナー」に変えて、両者がインベストメント・チェーン（投資の連鎖）におけるそれぞれの役割を認識し、運用機関は、投資先企業の持続的成長に向けて、投資先企業との間で建設的対話（エンゲージメント）をしていくことが必要であるとしている。

スチュワードシップ・コードの改訂概要は、次の事項の挿入である。
＊アセット・オーナーは、運用機関に対する実効的チェックを実施する必要がある。
＊運用機関は、利益相反の防止のため、ガバナンス体制を整備するべきである。
＊機関投資家は、パッシブ運用をするに当たり、より積極的に中長期的視点立った対話や議決権行使に取り組むべきである。集団的エンゲージメントが有益な場合もあり得る。
＊機関投資家は、議決権の行使結果を、個別の投資先企業及び議案ごとに公表すべきである。
＊運用機関は、本コードの各原則・指針の実施状況を定期的に自己評価し結果を公表すべきである。

4　コーポレートガバナンス・コード

2014年6月の『日本再興戦略』改訂2014に基づき、金融庁と東京証券取引所の主導で取り纏められた原案が、2015年3月に確定に至り、東京証券取引所の有価証券上場規程の別添として定められ、2015年6月1日から適用が開始となった。

本コードは、日本企業の国際競争力の強化と東京金融市場の活性化を目的に、上場会社が、株主等利害関係者の立場を踏まえ、持続的成長・中長期的企業価値の向上のために必要な、透明・公正かつ迅速・果断な意思決定をするための実効的コーポレート・ガバナンスの実現に資する主要原則を取り纏めた、上場会社経営者にとっての行動規範である。

本コードは、OECDのコーポレート・ガバナンス原則を参考に、次の5の基本原則、その内容を詳細に規定した30の原則、その意味を明確にするための38の補充原則で構成されている。

株主の権利・平等性の確保

上場会社は、株主の権利と平等性を確保するべきである。

株主以外のステークホルダーとの適切な協働

上場会社は、会社の持続的な成長は様々な利害関係者によるリソースの提供や貢献の結果であることを認識し、適切な協働に努めるべきである。

適切な情報開示と透明性の確保

上場会社は、法令に基づく開示を適切に行うとともに、利用者にとって分かりやすく、情報として有用性の高いものとするべきである。

取締役会等の責務

上場会社の取締役会は、会社の持続的成長と中長期的企業価値の向上を促し、収益力・資本効率等の改善を図るべく、企業戦略の方向性を示し、リスク・テイクを支える環境を整備し、経営陣（執行役及びいわゆる執行役員を含む）・取締役に対する実効性の高い監督をするべきである。

株主との対話

上場会社は、持続的な成長と中長期的な企業価値の向上に資するため、株主総会の場以外においても、株主と建設的な対話をするべきである。

本コードも、「プリンシプル・ベース・アプローチ」と「コンプライ・オア・エクスプレイン」を採用している。これは、全ての原則を一律に実施しなければならない訳ではないことを意味している。

しかしながら、努力目標であった東京証券取引所の従来の『上場会社コーポレート・ガバナンス原則』と比較すると、原則を実施しない場合にはその理由の説明を求めるという手法で、その実施を促している。

本コードについては、会社の不正を防止する「守りのガバナンス」を意図したものとの誤解があるが、「本コードの目的」に明記されている通り、「攻めのガバナンス」の実現を目指すものである。

2017年12月8日に2兆円規模の「新しい経済政策パッケージ」が閣議決定された。本パッケージは、①果断な経営判断、②内部留保等の有効活用、③経営陣に対する実効的な監督・助言、④政策保有株式の縮減、⑤アセット・オーナーとして期待される機能の発揮の5項目を提示して、「スチュワードシップ・コード及びコーポレートガバナンス・コードのフォロー・アップ会議」での検討を求めた。

同会議は、この指摘を踏まえ、2018年3月26日に「コーポレートガバナンス・コード」改訂案と「投資家と企業の対話ガイドライン」原案を公表し、同年6月1日に確定版を公表した。

コーポレートガバナンス・コードの改訂点は、次の4つである。

＊政策保有株式の縮減に関する説明の強化（原則1の改訂）

＊利益相反の管理等のアセット・オーナーの機能の発揮（原則2に追加）

＊後継経営者の計画、経営者の報酬の決定、経営者の選解任、十分な数の独立社外取締役の選任、女性取締役と適格な監査役の選任等取締役会の実効性の強化（原則4の改訂及び追加）

＊経営資源の配分等に関する説明の強化（原則5の改訂）

本ガイドラインは、実効的「コンプライ・オア・エクスプレイン」を促進するため、機関投資家と企業の対話で重点的に議論することが期待される事項を取り纏めたもので、両コードの附属文書として位置づけられており、次の5要素で構成されている。

経営環境の変化に対応した経営判断

　持続的な成長と中長期的な企業価値の向上を実現するための具体的な経営戦略・経営計画等が経営理念と整合的なものとなっているか。

投資戦略・財務管理の方針

　保有する資源を有効活用する経営戦略や投資戦略を踏まえ、財務管理の方針が適切に策定・運用されているか。

CEOの選解任・取締役会の機能発揮等

　独立した指名委員会が活用されているか。独立した報酬委員会が活用されているか。取締役会の実効性評価が適切に行われ、結果が分かりやすく開示・説明されているか。独立社外取締役は、経営陣に対し、経営課題に対応した適切な助言・監督を行っているか。

政策保有株式

　政策保有株式の売却等を妨げていないか。政策保有株主との間で会社や株主共同の利益を害するような取引をしていないか。

アセット・オーナー

　自社の企業年金が運用の専門性を高めてアセット・オーナーとして期待される機能を発揮できるよう、母体企業として、運用に当たる人材の人事面や運営面における取組をしているか。

第 2 章

内部統制

　内部統制は、会社の資産の保全を目的とする内部牽制から始まり、現在は会社の健全かつ継続的発展の実現を目的とし、その実現のための手段となっている。

　内部統制とは、企業の健全かつ継続的発展を阻害する重大な誤謬及び不正等の異常な事態の発生を予防する、異常な事態が発生しても直ぐに発見し、是正する3つの自浄機能から成る体制（システム）及び態勢（プロセス）である。

　その中核がリスク・マネジメントであり、会社の健全かつ継続的発展はその巧拙にかかっている。

　コンプライアンスは、適切なリスク・マネジメントによって担保される。

　内部統制態勢の有効性確保は、適切なモニタリングにかかっている。

米国における内部統制

1 内部統制と内部管理

　内部統制は、会社の経営目標の達成及び健全運営に有用かつ不可欠の経営管理用具又は手段の1つであるが、内部統制という用語と内部管理という用語が並行的に使用されているために両者は異なるものと誤解されがちであるが、何れも英語のinternal controlの和訳である。

　2つの異なる和訳が生じた原因は、経済安定本部（後に経済企画庁に改組）が1950年7月にinternal control systemを内部統制組織と和訳（後に内部統制体制に変化）し、金融監督庁（現在の金融庁）が1999年7月に同一の英語を内部管理体制と和訳したことにある。

2 米国における内部統制の目的と概念の変遷

　米国の外部監査は、従業員不正を摘発する監査 → 借入金返済能力を視る信用監査（貸借対照表監査）→ 財務諸表上の虚偽記載を発見する監査と発展してきた。この初期の段階で会計士が会社の経営者に進めたものが、内部牽制システム（internal check system）の構築である。

　これは、社内の複数の人間が相互に点検し合って誤謬及び不正を防ぐように考案された、業務管理の仕組である。この「内部」とは、「当該組織の内部」（外部者ではなく自分たちで）という意味である。

　当初は、監査人が存在している誤謬及び不正を見落とすリスクを低く抑える目的でその構築を経営者に勧めたものであるが、資産の保全及び業務の有効化に役立つことがわかり、内部統制システムに発展した。

米国で1920年代から1990年代までにAIA（米国会計士協会）、AICPA、（米国公認会計士協会）、COSO（トレッドウェイ委員会支援組織委員会）によって公表された監査基準及び報告書等における内部統制の目的及び概念は、以下の通り変遷した。

報告書の公表年と題名	目的又は目標	概念
1929年　AIA 財務諸表の検証	職員の誤謬及び不正からの会社の資産の保全	内部牽制のシステム
1936年　AIA 財務諸表の検査	職員の誤謬及び不正からの会社の資産の保全	内部牽制及び内部統制のシステム
1939年　AIA 監査手続の拡張	職員の誤謬及び不正からの会社の資産の保全	内部統制システム
1949年　AIA 内部統制：調整されたシステムの諸要素	資産の保全、会計数値の正確性及び信頼性の点検、業務効率の増進、経営方針の遵守の促進	会計的統制システム及び管理的統制システム
1958年　AICPA 独立監査人の内部統制レビューの範囲	資産の保全、財務記録の正確性及び信頼性の点検、業務効率の増進、経営方針の遵守の促進	会計的統制システム及び管理的統制システム
1988年　AICPA 内部統制構造の考察	企業目標の達成	内部統制ストラクチャー
1992年　COSO 内部統制の統合的枠組	企業目標（業務の有効性及び効率性、財務報告の信頼性、適用される法律及び規則の遵守）の達成	内部統制のシステム及びプロセス

（1）　財務諸表の検証（1929年5月公表）

　従来の資産及び負債並びに損益勘定の検証とともに、付随的に、内部牽制の有効性を確かめるため、会計システムを検査することを明示し、内部牽制システムが良好であると監査人が判断した場合は、試査のみで十分であろうと述べた。

(2)　独立公会計士による財務諸表の検査（1936年1月公表）

　従来の「内部牽制システム」の概念を「内部牽制及び統制システム（system of internal check and control）」に拡大し、これを会社の現金及びその他資産を保全するため並びに記帳事務の正確性を点検するため組織体で採用されている手段及び方法であると定義し、かつ「付随的」という用語を削除し、資産の範囲を決定するため、内部牽制及び統制を通常の監査でレビューをするよう勧告した。

(3)　監査手続の拡張（監査手続書第1号、1939年10月公表）

　初めて「内部統制（internal control）」という用語を使って、サンプル検出及び試査の範囲は内部統制の有効性についての独立監査人の判断に依拠するべきであるとした。

(4)　内部統制：調整されたシステムの諸要素（1949年1月公表）

　内部統制とは、会社の資産を保全し、会計資料の正確性及び信頼性を確認し、業務効率を促進し、所定の経営方針の遵守を促進するための、社内で採用されている組織の計画並びに調整の方法及び手段から成ると定義し、満足できる内部統制の特徴として次の4つを挙げた。
　⑴　職務を分担する組織計画
　⑵　取引の承認及び記録の手続のシステム
　⑶　各部署における健全な実践
　⑷　職務に相応の宇人の能力
　経営者は、次の適切な内部統制システムを考案し、設置し、監督する義務を負っている。
　⑴　組織の資産の保全
　⑵　会計資料の正確性及び信頼性の点検
　⑶　業務効率の増進
　⑷　所定の経営方針の遵守の促進

本特別報告書は、それまでの資産の保全及び会計記録の信頼性に業務効率の増進及び所定の経営方針の遵守という概念を付け加えた。前者の概念を狭義の内部統制と呼び、後者の概念を広義の内部統制と呼ぶ。

後述する日本の内部統制の取組は、本特別報告書を手本として行なわれた。

(5) 独立監査人の内部統制のレビューの範囲（監査手続書第29号、1958年10月公表）

1949年の特別報告書は、「会計統制（accounting control）」と「管理統制（administrative control）」の両機能を持っている、と述べた。

本手続書は、特別報告書の広義の内部統制概念を受け入れながらも、監査人の評価義務を会計統制に限定しようとした。

(6) 財務諸表監査における内部統制構造の考察（監査基準書第55号、1988年4月公表）

事業体の内部統制構造（internal control structure）は、統制環境、会計システム、統制手続の3つの要素とそれぞれについて設定される、事業体の特定の目標が達成されるとの合理的保証を提供するために確立された方針及び手続から構成されている。

監査人は、3つの要素のそれぞれについて十分に理解した後に、勘定残高、取引分類、財務諸表開示構成要素に組み込まれたアサーションのコントロール・リスクを評価する。

(7) 内部統制の統合的枠組（1992年9月及び1994年5月公表）

内部統制は、事業体の取締役会、経営者及びその他職員によって遂行される、以下の範疇における目標の達成について合理的保証を提供するために設計されたプロセスである。（以下省略）

43

3　内部統制の整備及び評価を義務付けた法律

　1972年 6 月17日に発覚したWatergate事件がきっかけとなり1977年12月 9 日に海外不正行為防止法（The Foreign Corrupt Practices Act of 1977：FCPA）が制定された。

　FCPAは、総ての公開会社とその役員に対し、外国の政府、公務員、政党職員等への贈賄行為を禁止するとともに、妥当な内部会計統制システムの確立及び維持を義務付けた、連邦法である。

＊海外における政治的不正支払を禁止する規定（贈賄禁止規定）

＊内部会計統制システムの確立及び維持を義務付ける規定（SEC勧告に基づく会計規定）

　FCPAは、第102条で、1934年証券取引所法の適用を受ける公開企業及びその役員に、内部会計統制システムを設計して維持することを義務付けた。

＊取引は、経営者の全般的又は個別的承認によって行なわれること。

＊取引は、財務諸表がGAAP及び他の規準に準拠して作成できるようにかつ資産に対する会計義務を維持できるように記録されること。

＊資産とのアクセスは、経営者の承認を得た者だけが許されること。

＊資産に対する会計義務として、合理的な期間に実在資産との照合が行なわれ、両者に差異があれば適切な措置がとられること。

　1934年証券取引所法の第13条(b)(2)は、以下の通りに規定された。

(A)　発行会社の取引及び資産の処分が合理的に詳細で正確にかつ公正に反映された勘定書を作成及び保存しなければならない。

(B)　次の事項を合理的に保証するために、内部会計システムを構築及び維持しなければならない。

　(i)　取引が経営者の全般的又は個別的承認によって行なわれる。

　(ii)　取引がGAAP又はその他の適用される基準に準拠した財務諸表の

作成を可能とするため及び資産の明細の説明を可能とするために、必要な範囲で記録される。

⑶　資産の使用が、経営者の全般的承認又は個別的承認によって行なわれる。

⑷　記録された資産の明細が、合理的な期間をおいて実在資産と照合され、差異があるときは適切な処置がとられる。

　連邦議会は、1991年12月19日、金融機関の経営破綻の防止を目的に、連邦預金保険公社改善法（Federal Deposit Insurance Corporation Improvement Act of 1991：FDICIA）を制定した。

　FDICIAは、資産150百万ドル以上でかつ連邦預金保険公社（Federal Deposit Insurance Corporation：FDIC）の保証を受けている金融機関に対して1993年1月1日以降に始まる事業年度からの財務諸表監査を強制するとともに、内部統制の有効性及び法規の遵守性についての経営者の評価及びその結果を記載した経営者報告書の提出並びに同報告書の適正性についての監査人の証明を受ける義務を課した。

　これが「内部統制報告制度」の起源であり、FDICIAは、次のように規定した。

金融機関の経営者は、

・適切な内部統制構造並びに財務報告手続の確立及び維持についての経営者の義務を表明しなければならない。

・内部統制構造及び財務報告手続の有効性に係る評価について、報告しなければならない。（内部統制報告書）

当該金融機関の監査を担当する外部監査人は、

・経営者の主張（assertion）について証明（attest）し、経営者報告書とは別に報告しなければならない。（証明報告書）

・証明は、一般に認められた証明契約基準に準拠していなければならない。

FCPAは内部統制整備義務を規定した初の法律であり、FDICIAは内部統制報告制度を規定した初の法律である。サーベインズ・オクスリー法（Sarbanes-Oxley Act of 2002：SOA）は内部統制報告制度の適用をSEC登録会社（＝上場会社）の総てに拡大適用した。

4　米国における不祥事と内部統制概念の関係

内部統制、内部統制報告制度、監査リスク・ベースの監査、継続企業、コンプライアンス等の概念を生み出すきっかけとなったのが、1980年代後半の金融恐慌である。

1985年から1990年にかけて、700行の貯蓄貸付組合（S&L）を含む2,590行もの金融機関、製造会社、卸売会社、小売会社等多数の会社が経営破綻した。その多くは、俸給経営者（雇われ経営者）による会社の私物化、放漫経営、赤字転落、粉飾決算によってもたらされた。

連邦議会は、4,810億ドル（当時のレート換算で110兆円）もの巨額の公的資金を投入して預金者を保護した。

会計事務所は、粉飾を看過して適正意見を表明した責任を追及され、巨額の損害賠償を支払わされた。

これらの反省から、官民の双方において、以下の措置が施された。

①　連邦議会は、1991年12月19日に金融機関の財務報告制度の強化を図る目的で1991年連邦預金保険公社改善法（FDICIA）を制定し、金融機関に限定した内部統制報告制度を規定した。

②　AICPAは、関係する4団体とともにCOSO（トレッドウェイ委員会支援組織委員会）を組織し、1985年6月に不正な財務報告に係る全米委員会（トレッドウェイ委員会）を創設した。

③　トレッドウェイ委員会は、1987年10月に報告書を公表し、関係団体に対して様々な勧告をした。COSOに対しては、様々な概念と定義を統合して準拠すべき共通の内部統制の枠組を設定するよう勧告した。

④　AICPAは、1988年4月に、以下を含む9つの監査基準書を公表した。

　⑴　第55号：『財務諸表監査における内部統制構造の考察』
　　　　内部統制構造の概念とその検討の重要性を明示

　⑵　第56号：『分析的手続』
　　　　分析的手続と監査リスク・ベースの監査手法を提示

　⑶　第59号：『継続企業としての存続能力に関する監査人の考察』
　　　　監査人に被監査会社の存続能力の検討を要請

⑤　COSOは、1992年9月に最初の報告書『内部統制の統合的枠組』を公表したが、内部統制の本来の整備目的であった「資産の保全」が欠落しているとの批判を受けたため、1994年5月に改訂版を公表した。

　当初は不正な財務報告の予防と発見に役立つ内部統制の定義の策定を目的としていたが、AICPA監査基準書第59号が示した継続企業としての存続能力確保の重要性を認識し、その『内部統制の統合的枠組』という題名にも拘わらず、リスク・マネジメント主体の内容となった。

　しかし、GAO（会計検査院）から「COSO報告書は、内部統制体制の整備目的である資産保全を記しておらず、1977年海外不正行為防止法の要件を満たしていない」との批判を受けたため、COSOは、1994年5月に『外部関係者に対する報告』の追補版を公表した。

　このことにより、AICPAも本報告書を受け入れ、監査基準書第55号の改訂版として監査基準書第78号を作成し、1995年12月に公表したが、リスクの範囲と性質が限定的であり継続企業に影響を与えるビジネス・リスクを考慮していないと批判され、2004年9月に『エンタープライズ・リスク・マネジメントの統合的枠組（ERM）』を公表した。

⑥　1980年代半ば以降、大企業が企業倫理プログラム、コンプライアンス・ガイドライン、企業行動規範等を制定した。このときに、これらにおいて、従来の法令遵守に公正さ及び誠実さ等の企業倫理の概念が付加された。

　こうしてコンプライアンスという用語は、それまでの「法令の遵守」から「法令の遵守＋社会規範の尊重」を意味するものに変貌した。

⑦　2001年の後半から2002年の半ばにかけて発覚した大企業による不正
事件で毀損した米国証券市場の信用を回復する目的で、2002年7月30日に
「証券関係諸法に準拠して作成される企業情報開示の正確性及び信頼性の
向上による投資家の保護並びにその他を目的とする法律（サーベインズ・
オクスリー法：SOAと略称）」が制定された。

SOAは、FDICIAが金融機関に規定したものと略同様の内部統制報告
制度を総てのSEC登録会社（公開会社）に適用した連邦法であるが、
内部統制報告の制度を主体とするものではない。

SOAは、監査人、公開会社、最高経営執行者等、証券アナリスト及び
格付会社の責任、監督機関の権限及び予算、違反に対する罰則等を強化
した1934年証券取引所法の補完法であり、英国の2000年金融サービス
及び市場法に範を取った日本の金融商品取引法とは異なるものである。
そもそも、米国にこの種の法律はない。

5　COSO報告書の内部統制概念とその核心

COSOが1992年9月に公表した『内部統制の統合的枠組』が広く受け
入れられた理由は、system（体制＝決め事から成る仕組）の構築よりも
process（態勢≒決め事の実践≒一連の行動）が重要であることを明示
したからである。

AIA及びAICPA等の内部統制についての長年の研究課題は、内部統制
体制（internal control system）或いは内部統制構造（internal control
structure）という用語に表われている通り、監査リスク（財務諸表上の
重要な誤謬及び虚偽表示を看過して適正に表示していると誤った判断を
するリスク）を合理的に低い水準に抑えることを目的とする、監査人の
ための、有効に機能する仕組の構築とその評価の方法にあった。

COSO報告書は、内部統制は事業体がその業績及び収益目標の達成、
並びに資産損失の防止に役立つと述べ、経営に役立つことを強調した。

48

COSO報告書は、その表題を従来の内部統制体制又は内部統制構造という用語から内部統制に変え、「内部統制は、人間の行動を伴なわなければ有効に機能しないので、システムの構築だけでは不十分であり、プロセスとして実行（具現）することこそが重要であること」を知らしめた。

(1)　1992年版

　COSO報告書『内部統制の統合的枠組』は、内部統制の概念を以下の通り定義した。

　<u>Internal control is a process</u>, effected by an entity's board directors, management and other personnel, designed to provide reasonable assurance regarding the achievement of <u>objectives</u> in the following categories.

- Effectiveness and efficiency of operations.
- Reliability of financial reporting.
- Compliance with applicable laws and regulations.

　<u>内部統制とは</u>、事業体の取締役会、経営者、その他の職員によって遂行される、次の範疇における<u>目標の達成</u>についての合理的な保証を提供するように設計された<u>プロセスである</u>。

- 業務の有効性及び効率性
- 財務報告の信頼性
- 適用される法規の遵守

　COSO報告書は、<u>objective</u>という用語を使用しており、この和訳は、目的ではなく、<u>目標</u>である。定義にある3つの目標は、事業目的を実現するために達成すべきものであり、かつ事業目的を実現するための手段でもある。言い換えると、「3つの目標を達成できなければ事業体の事業目的である継続企業としての存続を実現できない」ということである。

　COSO報告書は、この3つの目標に続けて、内部統制の本質を以下の通りに述べており、これこそがCOSOの独創性及び有用性である。

＊内部統制はプロセスである。内部統制は、目的を達成する手段であり、それ自体が目的ではない。

＊内部統制は人間によって遂行される。内部統制は、単に方針を定めた手順書及び書式でなく、組織のあらゆる階層の人間の行動である。

＊内部統制が事業体の経営者及び取締役会に提供するように期待されているのは、合理的保証であり、絶対的保証ではない。

＊内部統制は、単一又は複数の別々であるが重複している範疇の目標の達成に役立つ。

＊内部統制は、単一の事象又は状況でなく、事業体活動に浸透している一連の連続する行動である。これらの行動は、広範囲に及び、経営者が事業を経営する方法に内在している。

「process」という用語が何を意味するかは、英英辞典を引かなければ理解できない。英英辞典で最初に出てくる解説及び筆者による和訳は、以下の通りである。

a series of things that are done in order to achieve a particular result
特定の結果を得るために行なわれる一連の行為

a series of actions that are done in order to achieve a particular result
特定の結果を得るために行なわれる一連の行動

この解説は英和辞典に載っていないので、英和辞典だけを見ていると COSO が伝えようとした「行動すること」の重要性を理解できない。

COSO は、当初（重要な誤謬及び虚偽の表示の含まれている）不正な財務報告を予防及び発見するのに有効な内部統制の定義を目指したが、結果的に以下のものとなった。これが COSO 報告書の特徴でもある。

＊公認会計士の監査リスクの抑制に主眼をおいた従来の内部統制体制の整備目標を事業体経営に有用な経営者のためのものに変更したために、事業収益の目途及び資産の保全を含む経営目標の達成に有用な業務の有効性及び効率性を第1の範疇に掲げた。

＊企業の継続的発展を主目的に、その阻害要因に適切に対処するための
手段として、リスク・マネジメントの重要性及び要領を明示した。
＊COSO報告書の作成過程でAICPAの監査基準書第55号が公表され、
内部統制のストラクチャー又はシステムについてはその完成形が明示
されていたので、その内容については殆ど言及せず、それを有効に機能
させるためにプロセス（それらの実践）の重要性を明示した。

COSOは、報告書の題名を簡潔なものとするため、「Internal Control
System and Process」や「Internal Control Structure and Process」
ではなく「Internal Control—Integrated Framework（内部統制の統合的
枠組）」としたが、2002年サーベインズ・オクスリー法の不備を補うSEC
最終規則によって「Internal Control over Financial Reporting：ICFR
（財務報告に係る内部統制）」という内部統制の概念の一部分だけが注目
される状態となったため、内部統制の全体を「General Internal Control
（全般的内部統制）」と呼んで区別する必要が生じた。

「内部統制」という概念を理解するには、①「内部」の意味、②「シス
テム」と「プロセス」の意味、③「システム」と「プロセス」の関係に
ついて理解することが肝要である。
＊内部とは、会社等の事業体の内部及び事業体内の組織（部署）の内部と
いう意味であり、事業体の外部者及び事業体内の組織の外部者によらず
それぞれの内部者自身が行なうという意味である。
＊システムとは、組織の設置、社内の規程及び基準等の制定、重要な資産
及び情報システムへのアクセス制限、職務の分担、権限の付与、重要
業務の記録及び保存、二重点検、複数の関連情報の照合、記録と現物の
照合及び調整、業績評価、差異分析等の役職員を適切にコントロール
するための仕組（決め事）を意味し、体制と和訳する。
＊プロセスとは、日常業務における役職員の行動（決め事を遵守した職務
遂行≒実践）を意味し、態勢と和訳する。

内部統制システムは、従業員による重要な誤謬及び不正によって被る損失の予防（資産の保全）を目的に、業務分担システム・二重点検システム・帳簿システム・証憑システム・原価計算システム等の設定という内部牽制システムの構築（整備）から始まった。

　COSO報告書の眼目は、「どのように緻密な内部統制システムを設定しても、総ての役職員が決め事を遵守して職務を遂行しなければ有効に機能しないので、内部統制システムという決め事を実践する（プロセスとする）ことこそが重要である」と明示したことにある。
　態勢は、身構えであり、プロセスの的確な和訳ではない。実践の方が適当とも思うが、理論に相対する意味で理解されがちなので、筆者は、システムの和訳である体制との相対性を考慮し、態勢と和訳している。
　金融庁の検査マニュアルの重点は、当初は内部管理体制の整備状況の検査にあったが、その後内部管理態勢の有効性の評価に移った。

(2)　2013年改訂版
　COSOは、過去20年間の経営環境の変化に対応させるため、報告書の改訂作業を行ない、2013年5月14日に最終版を公表したが、内部統制の定義の核心、3つの範疇の目標、5つの構成要素の部分に変更はない。
　2013年改訂版における主要な変更点は、以下の通りである。
　　＊事業と事業環境の変化を考慮
　　　・ビジネス・モデル及び組織構造、企業不正、法規制、情報技術等
　　＊業務目標と報告目標を拡張
　　　・「財務報告」を「報告」に改め、「内部報告」と「外部報告」、更に「財務報告」と「非財務報告」に区分
　　＊5つの構成要素の基本概念を17の原則及び87の注目点で明示
　　＊業務目標、コンプライアンス目標、非財務報告目標に関連する適用方法及び事例を追加

＊取締役会の役割とガバナンスとの関係を明確化

＊不正に関する考察の重要性を明示

＊内部監査機能の重要性を詳述

改訂版は、内部統制の概念を以下の通り定義した。

Internal control is a process, effected by an entity's board of directors, management and other personnel, designed to provide reasonable assurance regarding the achievement of objectives relating to operations, reporting, and compliance.

内部統制とは、事業体の取締役会、経営者、その他の職員によって遂行される、業務、報告、コンプライアンスに関連する目標の達成についての合理的な保証を提供するように設計されたプロセスである。

更に、この定義に続けて、内部統制には以下の基礎概念が反映されていると述べている。

＊業務、報告、コンプライアンスの1つ以上の範疇における目標の達成に適合している。

＊遂行中の業務と活動からなるプロセスである。つまり、目的を達成する手段であり、それ自体が目的ではない。

＊人間によって遂行される。つまり、単に方針、手順書、システム、書式についてだけでなく、内部統制を実行するために、組織のあらゆる階層における人間とその行動についてのものである。

＊事業体の上級経営者及び取締役会に合理的保証を提供できるが、絶対的保証ではない。

＊事業体の構造に適合可能である。つまり、事業体全体又は特定子会社、部門、事業ユニット、又は事業プロセスに対して柔軟に適用可能である。

第2章　内部統制

53

日本における内部統制

1 日本における内部統制の目的と概念の変遷

　日本における内部統制への取組には、①大蔵省が中心となって進めた財務諸表監査の円滑実施のためのものと②通産省が中心になって進めた戦後日本経済の合理的復興のためのものの2つの流れがあった。前者は「会計原則」と「監査基準」の設定によって、後者は「企業における内部統制の大綱」と「内部統制の実施に関する手続要領」の作成によって、進められた。

　1990年末から、会社の不正行為に対処するための、金融監督庁による監督強化、会社法と金融商品取引法における規定、監査基準と内部統制基準における規定等の取組が加えられた。

(1)　大蔵省の取組

　1947年に証券取引法（昭和22年3月28日法律第22号）が制定されたが証券取引委員会条項しか施行されなかった。

　米国の1933年証券法及び1934年証券取引所法の規定を取り入れ、当初法律の全部を改正する法律（昭和23年4月13日法律第25号）が1948年に制定され、その第193条で財務諸表監査の法的基盤が、次の通りに規定された。このときは、計理士による監査証明を予定していた。

　　証券取引委員会は、この法律の規定により提出される貸借対照表、損益計算書その他の財務計算に関する書類が計理士の監査証明を受けたものでなければならない旨を証券取引委員会規則で定めることができる。

　1948年5月7日に大蔵省の外局として証券取引委員会が設置された。

1950年3月29日に、証券業の健全化、証取委の権限強化、監査証明の制度化を目的に証券取引法が改正され、このとき新設された第193条の2において、監査の実施主体が公認会計士に変更された。

この法律の規定により提出される貸借対照表、損益計算書その他の財務計算に関する書類は、証券取引委員会が一般に公正妥当であると認められるところにしたがって証券取引委員会規則で定める用語、様式及び作成方法により、これを作成しなければならない。第193条の次に次の1条を加える。

第193条の2 証券取引所に上場されている株式の発行会社その他の者で、証券取引委員会規則で定める者が、この法律の規定により提出する貸借対照表、損益計算書その他の財務計算に関する書類は、その者と特別の利害関係のない公認会計士の監査証明を受けなければならない。

第1項の公認会計士の監査証明は、証券取引委員会規則で定める基準及び手続によって、これを、行わなければならない。

証券取引委員会は、証取法の改正を受けて、1950年9月に「財務諸表等の用語、様式及び作成方法に関する規則（財務諸表規則）」を定め、1951年3月には「財務書類の監査証明に関する規則（監査証明規則）」を設けた。全5条からなる監査証明規則は、企業会計基準審議会が1950年7月に公表した監査基準の内容を反映したものであり、第5条第4号に内部統制に関する次のような記述がある。

監査手続の適用の範囲は、内部統制の制度及びその運営状態を調査し、その信頼できる程度を勘案して決定すること。

1952年7月に証券取引委員会が廃止され、その所管事項が大蔵省理財局に移された。大蔵省は、1953年1月以後に開始する第4次監査に係る原則的な手続を定め、1953年5月7日に理財局長通牒「財務書類の監査証明について」で通知した。これにより第4次監査は、基礎監査と正常監査に区別された。

本通牒には、監査で検証すべき事項として、会計組織、内部牽制組織、内部監査組織等が記載されている。この文中の「組織」という用語は、「system」の和訳であり、「organization」の和訳ではない。「組織」は「体制」又は「制度」と読み替えるとわかりやすい。

(2)　経済安定本部の取組

　1949年7月に経済安定本部（後の経済企画庁）企業会計制度対策調査会から「企業会計原則」と「財務諸表準則」が公表された。

　1954年7月に、前者が一部改訂され、併せて「企業会計原則注解」が公表された。

　1950年7月に経済安定本部企業会計基準審議会から中間報告として、「監査基準」と「監査実施準則」が公表された。

　「監査基準」は、AIAが1947年10月に公表した「一般基準、実地監査基準、報告基準」から成る「監査基準試案」を参考に作成され、「監査一般基準、監査実施基準、監査報告基準」で構成されている。

　AIAの「監査基準試案」は、1948年のAIA総会で「監査基準」として承認されているが、実地監査基準の第2において、内部統制を評価することの重要性とその理由を次のように説明している。

　　　内部統制に信頼を置くため及び監査手続を限定する試査の範囲を決定するための基礎として、存在する内部統制の適切な検討及び評価を行なうべきである。内部牽制及び統制の主な企図は、誤謬及び不正のリスクを最小に抑えることであり、システムが適切かつ効果的であればあるほど、リスクは低くなり、精査及び試査の必要性の範囲は狭くなる。

(3)　「監査基準」

　日本初の監査基準は、当時財務諸表監査を知っている人は殆どいない状態であったため、啓蒙的内容のものとなり、次のように述べている。

　以下、本節においては、内部統制関係の用語及び記載に下線を付す。

財務諸表の監査について

　監査基準及び監査実施基準を設定して、監査制度の基礎を確立するに当り、あらかじめ、ここに取扱う監査の意義その必要性及びこれが実施の基礎受験を明かにすることは、監査に対する社会一般の認識を向上せしめ、監査制度の円滑なる運営を図るために、必要欠くべからざることである。

1　監査の意義

　ここに監査とは、企業が外部に発表する財務諸表について、職業的監査人がこれを行う場合に限るものとする。

　この種の監査の目的は、財務諸表が、「企業会計原則」に準拠して作成され、企業の財政状態及び経営成績を適正に表示するか否かにつき、監査人が、職業的専門家としての意見を表明して、財務諸表に対する社会一般の信頼性を高めることである。…

　監査人は、財務諸表に対する自己の意見につき責任を負うのみであつて、財務諸表の作成に関する責任は、企業の経営者がこれを負わなければ…

2　監査の必要性

　監査は、過去においては、不正事実の有無を確かめ、帳簿記録の正否を検査することをもつて主たる目的としたものであつたが、企業の内部統制組織即ち内部牽制組織及び内部監査組織が整備改善されるにつれて、この種の目的は次第に重要性を失いつつある。

　抑々財務諸表は、外部の利害関係者に対して、企業の財政状態及び経営成績に関する報告を提供するための重要な手段である。…

　かくて企業の内部統制組織が、如何に周到に整備され、有効に運用されようとも、これをもつて監査に置き替えることはできない。内部統制は不正過失を発見防止するとともに、企業の定める会計手続が守られているか否かを検査するにとどまるに反し、監査は会計記録の正否を確かめるばかりでなく、さらに「企業会計原則」に照し、公正不偏の立場から経営者の判断の当否を批判するものであつて、両者は本来の任務を異にする…

3　監査実施の基礎条件

(1)　監査の実施には、高度の人格及び専門的能力並びに実務経験を備えた職業的監査人を必要とする…

(2)　監査を実施するには、監査を依頼する企業の側において、あらかじめその受入体制が整備されていなければならない。即ち整然たる会計組織を備えて正確な会計記録を作成するとともに、内部牽制組織を設けて不正過失の発見防止につとめ、又規模の大きな企業においては、内部監査組織により自ら経常的に監査を行つて会計記録の信頼性を確保すること等がこれである。企業に内部統制組織の用意がなく、たとえあつても不完全な場合には、勢い監査人は個々の取引記録について精査を行わざるを得ないのである。…それ故適当な内部統制組織が監査の前提として必要であつて、監査人はこれを信頼して、試査をなすにとどめ、精査を行わないのが通例である。…適切にして有効な内部統制組織を整備運営して、取引を正確に記録するとともに財産の保全を図ることは、外部の利害関係人に対する経営者の義務である。

監査基準の設定について

　監査基準は、監査実務の中に慣習として発達したもののなかから、一般に公正妥当と認められたところを帰納要約した原則であつて、職業的監査人は、財務諸表の監査を行うに当り、法令によつて強制されなくとも、常にこれを遵守しなければならない。

　監査基準は、監査一般基準、監査実施基準及び監査報告基準の3種に区分する。監査一般基準は監査人の適格性の条件、監査人が業務上守るべき規範及び監査人の任務の限界を明かにする原則であり、監査実施基準は、監査手続の選択適用を規制する原則であり、監査報告基準は、監査報告書の記載要件を規律する原則である。

　監査に関してかかる基準を設定する理由は、次のとおりである。

(1)　監査は、何人にも容易に行いうる簡便なものではなく、相当の専門的能力と実務上の経験とを備えた監査人にしてはじめて、有効適切にこれを行うことが可能である。…

(2)　我が国においては、未だ監査の経験に乏しく、その意味、効果又は限界に関する社会一般の認識の程度は甚だ低いのが実情である。…

(3)　監査を実施するに当り選択適用される監査手続は、企業の事情により異なるものであつて、一律にこれを規定することは不可能であり、監査人の判断にまつところが大である。…監査に対する信頼性を高めるとともに、任務の範囲を限定するために、監査人の判断を規制すべき一定の基準を設けて、これを遵守せしめることが必要である。

(4)　監査報告書は、監査の結果として、財務諸表に対する監査人の意見を表明する手段であるとともに、監査人が自己の意見に関する責任を正式に認める手段である。…

　これを要するに、監査基準の設定は、徒に監査人を制約するものではなくして、むしろ監査人、依頼人（即ち被監査人）及び一般関係人の利害を合理的に調整して、監査制度に確固たる基準を与え、その円滑なる運営を図らんとするものである。

第1　監査一般基準

　1　企業が発表する財務諸表の監査は、監査人として適当な専門的能力と実務経験を有し、且つ、当該企業に対して特別の利害関係のない者によつて行わなければならない。

第2　監査実施基準

　4　監査人は、監査手続の適用範囲を決定するため、内部統制の制度とその運営状態を調査し、その信頼性の程度を判定しなければならない。

第3　監査報告基準

　1　財務諸表に添付して外部に発表する監査報告書には、監査人が実施した監査の概要及び企業の会計処理並びに財務諸表に関する意見を簡潔明瞭に記載するものとする。

本監査基準に基づき、初度から第5次に至る段階的監査が実施され、1957年度から正規の財務諸表監査が実施されることとなった。

そのため、監査基準と監査実施準則が改訂され、かつ監査報告準則が付加されて、1956年12月25日に企業会計基準審議会から公表された。

　前掲の監査実施準則は、次の通りに制定された。

第2　監査実施基準

　　3　監査人は、監査の効果と犠牲とを比較評量するとともに、内部統制組織の信頼性の程度を判定して、監査手続適用の範囲、方法及び日数を合理的に決定しなければならない。

　「監査実施準則」は、啓蒙的目的で監査の実施要領を具体的かつ詳細に解説したものであり、歴史のある米国の監査基準書に「準則」はない。

　企業会計制度対策調査会第3部長の岩田巌教授は、論文「アメリカ的監査手続への反省（1953年5月「會計」掲載論文）」の中で、監査実施準則について、次のように述べておられる。

　　監査実施準則は、アメリカの『財務諸表の検査』や『監査手続の拡張』その他の翻案要約したものであつて、わが国の実情を充分に考慮して作られたものではない。この準則が作成された当時は、まだわが国では会計士監査はスタートするに至らず、どういうことが必要で、どんなことが可能かは皆目見当がつかなかつたからである。従つて必ずしも適切なものではないかもしれないが、何れ事情の判明次第、適当に修正されるという含みで、一応仮にこの準則が設けられたのである。

　1954年11月刊行の岩田教授の『會計士監査』（森山商店）には、監査実施準則について次のように記載されている。

　　…その時代に何故監査実施準則を作つたかというと、監査基準によつて一応監査とはどんものかということを、ごく一般的だが、啓蒙的な意味で明らかにするためであつた。監査基準の本当の意味は別にあるのだが、そのなかへ啓蒙的な意味を含めていろいろ監査の説明をしているのである。しかしこれは甚だ抽象的なものだから、もう少し具体的に監査は一体どうしてやるのかということを明らかにすることが必要ではないかということで、監査実施準則ができたわけである。

60

(4) 「監査実施準則」

監査実施準則は、次のように記載されている。

1 監査手続の意義及び種類

ここに監査手続とは、職業的監査人が、財務諸表に対する自己の意見を保証するに足る合理的な基礎を与えるため、証拠を求めて会計記録の正確性又は妥当性を確かめることをいう。

(1) 監査手続はこれを正規の監査手続とその他の監査手続とに区別する。…

(2) 正規の監査手続はこれを一般監査手続と個別監査手続とに区別する。…

2 監査手続の選択及び適用

(1) 監査手続の選択とは、会計記録の正確性又は妥当性を確かめるに当り、いかなる手続を採用するかを決定することをいい、監査手続の適用とは、選択された手続について、その実施の時期、範囲及び方法を勘案してこれを実行することをいう。…

(2) 一般監査手続の適用は、原則として。精査によらず、試査によるものとする。精査とは、会計記録の一切についてこれを検査することをいい、試査とは、会計記録の一部を適当に選択して検査し、その結果をもつて他の部分の正否を推定することをいう。…

試査の範囲は、企業の内部統制組織の信頼性の程度に応じ、適当にこれを決定する。内部統制組織がよく整備運営されている場合には、これを信頼して試査の範囲を縮小することができるが、その組織が完全でなく、又効果が充分に認められない場合には、これに応じて、試査の範囲を拡大しなければならない。従つて、場合によつては精査を必要とすることもありうる。

正規の監査手続

第1 一般事項の監査手続

第2 取引記帳の監査手続

第3 勘定残高の監査手続

第4 決算記帳の監査手続

(5) 「監査報告準則」

監査報告準則は、次のように記載されている。

1 監査報告書の記載方式

監査人は、監査報告書にその実施した監査の概要及び財務諸表に対する意見を明瞭に区別して記載し、作成の日付を付して署名捺印しなければならない。

2 監査概要の記載
3 財務諸表に対する意見の表明
4 補足的説明事項

企業会計審議会第3部会長の黒澤清教授は、1954年11月刊行の『監査基準』（中央経済社）の60-71頁で、次のように解説しておられる。

監査人は、財務諸表に対する意見を表明するため…監査さるべき項目の重要性又は誤謬発生の危険の程度を考慮して…使用しうる監査手続を選択適用し、合理的な証拠を確かめなければならない。

…会計上の証拠には…次の2つの種類がある。

物的証拠（physical evidence）

文書的証拠（documentary evidence）

物的証拠はすべて会計記録の外部に存在するので外部証拠と名づけることができるが、文書的証拠には、会計記録の内部に含まれている証拠と、外部に見出される証拠との区別がある。

外部証拠（external evidence）

内部証拠（internal evidence）

内部証拠を求める監査手続は、証憑突合、帳簿突合、計算突合等に区別され、一般監査手続と呼ばれるのに対して、外部証拠を求める監査手続は、実査、立会、確認、質問等に区別され、個別監査手続と呼ばれる。

「合理的証拠」とは…財務諸表の適正性の立証のための監査人の違憲に対する合理的基礎として役だつ資料で…次の4つの条件が問題となる。

イ　内部統制（internal control）

ロ　重要性（materiality）

ハ　相対的危険（relative risk）

ニ　経済性（economy）または相対的費用（relative cost）

　監査の範囲の決定の条件として考えられる内部統制は、固有の内部統制をさすので…広義の内部統制と明確に区別する必要が増大した。

　内部統制は、経営におけるチェック・アンド・コントロールの仕組である。会計上の不正や誤謬の発生を自動的に制御するとともに、業務の流れを組織的にコントロールする制度である。すなわち業務の組織を合理化し、科学的に権限責任を配分することによつて、固有の会計に関する職務を、営業および保管に関する業務から組織上独立させチェック・アンド・コントロールを行う仕組である。この仕組を固有の内部統制組織と名づける。しかし固有の内部統制の作用たるチェック・アンド・コントロールの機能は、経営管理上他の領域にも拡大されるにいたり、今日では、次のような経営上の諸制度を、広義において内部統制と名づけるにいたつた。

　　会計と保管と営業との組織上の相対的独立を内容とする業務組織─
　　固有の内部統制

　　予算統制の制度

　　標準原価または原価管理の制度

　　内部監査および内部報告の制度

　…固有の内部統制を実施するには、…金銭の保管出納の責任者たる財務部長（treasurer）と固有の会計責任者たる経理部長（controller）との職制上の分離（をはからなければならない）。

　内部統制が完備し、立派に運営されている場合には、会計上の不正誤謬の発生の機会は、自動的にチェックされて、極度に減少する…

　近代的監査は、内部統制を前提として行われるので、試査を特徴とする…監査計画の遂行における予備的作業として、内部統制の調査（internal control survey）はきわめて重要な監査業務の要素となるにいたつた…

㈠　重要性および相対的危険

　監査の範囲の決定は、内部統制の信頼性の程度いかんによつて影響をうけるばかりでなく、監査対象たる財務諸表上における「項目の重要性または相対的危険性の程度によつて、強く影響される…重要性とは、…財務諸表の総額のうちに占める相対的な割合の大きさを意味する。

　伝票、証憑、会計帳簿、送状、銀行勘定証明書、契約書、議事録等から成る内部証拠を求める手続は、証憑突合、計算突合、帳簿突合等の「チェッキング」の方法である。物的財貨、債券、債務等の外部証拠を求める手続は、実査、立会、確認等の方法である。

　監査の経済性…の原則を形づくる要件は、次の3つである。

(1)　監査の効果と犠牲との比較評量すなわち相対的費用の考慮

(2)　内部統制組織の信頼性の判定

(3)　監査手続の範囲、方法及び日数の合理的決定

　監査報告基準を構成する原則は次の3つである。

(1)　監査報告書に関する名良性の原則

(2)　財務諸表の適正性に関する意見の表明の原則

(3)　補足的記載の原則

(6)　通産省の取組：「企業における内部統制の大綱」

　1951年7月に通産省産業合理化審議会から「企業における内部統制の大綱」が公表された。その主要部分の概要は、次の通りである。

Ⅰ．内部統制の意義

　ここに内部統制とは、企業の最高方策にもとづいて、経営者が、企業の全体的観点から執行活動を計画し、その実施を調整し、かつ実績を評価することであり、これらを計算的統制の方法によつて行うものである。それは経営管理の一形態であるが、経営活動の執行について直接的になされる工程管理や品質管理などとは異なり、計算的数値にもとづいて行われる間接的統制である点に特徴がある。…

内部統制の特徴である計算的統制とは、執行活動の計画の樹立、実施の調整および実績の評価を計算制度に立脚して行うことであり、このためにはあらかじめ企業において統一ある計算制度を確立しておかなければならない。この場合その実施手続を明確に規定しておき、内部統制の遂行に対して制度的権威を附与しておくことが必要である。

Ⅱ．内部統制組織の必要

わが国の企業においては、現在主としてつぎの理由から、整備した内部統制組織をなるべく速かに確立する必要がある。

1．企業の規模が拡大し、その経営内容が複雑となるにつれて、経営者は、整備した内部統制組織を基礎とするのでなければ、企業の円滑かつ合理的な運営を行うことができなくなつてきている。…

2．わが国経済の欠点に対抗するためにも、企業における内部統制組織の確立が必要である。…

3．わが国の株式会社…の取締役会との関係からも当然に内部統制組織の確立が必要となつてきている。…

4．わが国の企業に対する職業的監査人による外部監査制度の導入によつて、企業自体においてはその受入体制として、一層内部統制組織の確立が必要となつてきている。…

Ⅲ．内部統制組織の諸条件

企業において有効な内部統制組織を確立するためには、つぎのような諸条件をととのえることが、その前提となる。

1．内部統制組織の実施のために独立した統制部門を編成する。…

2．統制部門のうちに、企業のコントローラー制度を確立する。…

3．内部統制のための組織編成にあたつては、各部門において、それぞれの権限と責任の範囲を明確に規定し、できる限り株組織への権限委譲を行うようにする。…

4．内部統制の対象となる執行部門においては、執行活動に対する直接的管理制度が整備されていることが望ましい。…

5. 企業の最高経営者および各執行部門の上層管理者の正しい理解を得られなければならない。

Ⅳ. 内部統制の実施
内部統制の実施にあたつては、企業における統制部門の確立を前提とし、内部統制の遂行にふさわしい担当者を選任するとともに、その実施方法について適当な手続を定めなければならない。
1. 内部統制は、これを有効に遂行し得る充分な能力と経験を有するものに担当させなければならない。…
2. 内部統制組織の確立が必要である。…

Ⅴ. 内部統制の組織図
内部統制の組織図を例示すればつぎの通りである。

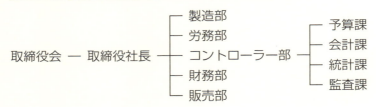

(7) 通産省の取組:「内部統制の実施に関する手続要領」

1953年2月に通産省産業合理化審議会から「内部統制の実施に関する手続要領」が公表された。その主要部分の概要は、次の通りである。

この手続要領は、先に発表した「企業における内部統制の大綱」にしたがつて、コントローラー部を中心とする計算的統制手続の要領を図表を中心として示し、その有効な遂行に資することを目的とする。各企業が、これを適用するにあたつては、その業種・経営の規模と組織その他の事情を考慮して、適当な補正を加えることが必要である。

1. コントローラー部と財務部との事務分掌関係
コントローラー部は、企業の統制部門に所属するものであり、経営管理組織において執行部門とは異る独立の部門を構成する。…

２．コントローラー部と常務会との関連事項

コントローラー部は、予算課、会計課、統計課および監査課よりなる…

３．予算統制手続

内部統制は、取締役会によつて決定された企業の基本方針にしたがつて、社長の樹立する最高方策にもとづいて実施される。このため、内部統制の第１段階として、コントローラー部は、つねに企業の全体的観点から各執行部門の経営活動に対して予算編成を行わなければならない。ゆえに予算編成は、内部統制の実施手続における出発点となるものであるから、きわめて慎重な手続のもとに行われることを要する。

４．統計調査手続

コントローラーに課せられた１つの重要な職務は、企業における最高方策を樹立し内部統制を計数的基礎上に実施することを助けることである。このためコントローラーは必要とする一切の計数を総合的に整理し分析し評価して、その結果を社長または常務会に提出し、説明し、意見を具申しなければならない。…

５．内部監査手続

内部統制を有効に実施するためには、内部牽制をなしうるように、適当な職制と内部統制に関する事務手続規程を定めなければならない。しかしこれを定めたにしても、これのみでは必ずしも所期の目的を十分に達しうるとは限られない。内部統制がその手続規程に従つて適正に行われているか否か、これらの内部統制組織が個々の企業の実情に照らして有効、適切であるか否かが、この事務に直接たずさわらない他の係員によつてたえず検証され評価され、これにもとづいて常務会に進言がなされる時に初めて内部統制が完全なものとなる。この機能が内部監査であり、これを担当するのがコントローラー部監査課である。

６．内部統制を中心とする各部課相互間の手続の例図

これを適用するにあたつては、この組織の長所をとり、業種・経営の規模と組織その他の事情を考慮して各企業に適応するように補正を加える…

7．実施についての注意

　…これを各企業で実施するに当つてはそれぞれ実情に即した方式を工夫すべきである。それを工夫するに当つては、最後に到達すべき大体の組織・制度を目標として想定し、それに達するまでの実施手順・実施段階を適当に考えなければならない。

(8)　大蔵省と経済安定本部の内部統制概念

　大蔵省等が目指したものは、未経験の公認会計士による試査を基本とした財務諸表監査の円滑かつ効率的実施であり、その受入体制としての内部統制組織（＝内部牽制組織及び内部監査組織）の整備であった。

　監査基準は「3　監査実施の基礎条件」で「整然たる会計組織を備えて正確な会計記録を作成するとともに、内部牽制組織を設けて不正過失の発見防止につとめ、……内部監査組織により自ら経常的に監査を行つて会計記録の信頼性を確保すること等がこれである」と述べている。

　一般に「内部統制組織は、内部牽制組織と内部監査組織から成る」と言われているが、岩田巌教授は『會計士監査』で「会計記帳、内部牽制および内部監査の組織を総称して内部統制組織と呼んでよいと思う」と述べておられる。内部牽制については「1つの仕事を1人の独断専行に委せず、2人以上の者に分担せしめ相互の照合により、おのずから不正過失を発見防止する仕組である」と述べておられる。

(9)　通産省の内部統制概念

　通産省が目指したものは、日本経済の能率的復興であり、企業の円滑かつ能率的な運営のため、取締役会による取締役の監督のため、職業的監査人による外部監査の受入のための、内部統制組織の確立であった。具体的には、企業の執行活動の計画、実施の調整、実績の評価を計算的統制で行なうための、予算課、会計課、統制課、監査課から成るコントローラー部の設置による、予算統制及び内部監査等の実施であった。

企業の執行活動の計画、実施の調整、実績の評価は、Plan-Do-Seeそのものである。

　コントローラー部（管理部）とは、従来トレジャラー（財務部長）の下にあった会計機能を資本調達、資金出納、財産管理等の財務機能から分離して、予算管理、会計管理（原価管理）、計数管理、内部監査機能を具備し、執行活動（経営活動）に関する計数的資料を収集、分析、提供して経営管理者を補佐し、予算統制を実施し、ライン部門の業務活動の有効化を支援する部署である。

　コントローラーは、1852年に米国のPennsylvania鉄道で初めて実施されて定着した組織であるが、「会社の現在のトップがこれを担当するのが望ましい」としたためか、適当な和訳をしなかったためか定かではないが、日本で定着せずに終わった。

---

column3　通産省による内部統制と内部監査の勧め

　通商産業省の1951年 7 月の『企業における内部統制の大綱』は、コントローラー制度の確立による予算統制の重要性を説明し、内部統制組織（＝体制）の整備と確立を推奨した。1953年 2 月の『内部統制の実施に関する手続要領』は、証券取引法に基づく財務諸表監査の受入体制の誠意として内部監査活用の重要性を説明し、コントローラー部内への監査課の設置と内部監査の実施を推奨した。

　『大綱』と『要領』は、1949年のAIA『監査基準』と特別報告書『内部統制』を手本として作成したものであるが、特別報告書の大元は、第 3 章Ⅴの 2 で記述したPennsylvania鉄道会社のコントローラー部設置と同部による内部監査の実施を骨子とする内部牽制システムの構築と確立にある。

（10）　金融監督庁の取組

　1995年7月に大和銀行NY支店嘱託行員の自白から約1,100億円の損失隠しが発覚した。大和銀行は、1996年2月、司法取引に応じ16の罪状を認めて約350億円の罰金を支払い、米国から締め出された。

　会計検査院（GAO）が、事件を調査し、1997年9月、「日本の銀行にinternal control と internal auditing がない」という報告書をしたため、連邦準備制度理事会（FRB）は、バーゼル銀行監督委員会（BCBS）内にリスク・マネジメント小委員会を設置し、その議長となって詳細研究を実施した。

　1997年11月の北海道拓殖銀行、1998年10月の長期信用銀行、同12月の日本債券信用銀行と経営破綻が続く中で、大蔵省の不祥事と金融行政の不透明さが批判され、1998年6月に大蔵省から金融機関の検査及び監督権限を移譲された金融監督庁が総理府外局の金融再生委員会の下に設立された。2000年7月に本庁と大蔵省金融企画局を統合して金融庁が発足したが、2001年1月の中央省庁再編により、金融再生委員会を統合して新設の内閣府の外局となった。

　1998年9月にBCBSが詳細研究によって作成した「Framework for Internal Control Systems in Banking Organisations」が公表された。これは、日本銀行の仮訳で「銀行組織における内部管理体制のフレームワーク」として公表された。日銀は「internal control system」を「内部管理体制」と和訳した。

　一般に「内部統制」という用語を使用するが、日銀と金融庁は「内部管理」という用語を使用している。この「管理」という和訳は、1947年2月に日本電気㈱が「quality control」を和訳する際に「品質統制」では軍部による「戦時統制」を連想させると懸念し「品質管理」と和訳したことを踏襲していると思われる。

日銀と金融庁は、通産省の取組が不調に終わった一因が「内部統制」という軍部による戦時統制を連想させる用語の使用にあったのではないかと考えて「内部管理」と和訳したと思えてならない。

　BCBSペーパーには、次のように記載されている。（筆者訳）
　　バーゼル銀行監督委員会は、銀行監督上の諸課題に取り組み、健全なリスク管理慣行を促す指導を通じて監督を強化するための継続的な取組の一環として、内部統制システムを評価するための枠組を公表する。有効な内部統制システムは、銀行経営の重要な要素であり、銀行組織の安全かつ健全な運営の基盤である。
　　強力な内部統制システムは、銀行組織の目標と目的が達成され、長期的収益性の目標が達成され、信頼できる財務と経営報告の維持を確実にするのに役立つ。このようなシステムは、銀行が政策、計画、社内規則、手続だけでなく法律と規制を遵守して不測の損失と銀行の評判の棄損に繋がるリスクを軽減するのにも役立つ。
　　内部統制は、取締役会、上級管理職及びすべての階層の人員によって行なわれるプロセスである。　これは、単に一定の時点で実行される手続又は方針ではなく、銀行内の総ての階層で継続的に運用されている。取締役会及び上級管理職は、有効な内部統制プロセスを促進しその有効性を継続的に監視するための適切な文化を確立する義務を負っている。　但し、組織内の各個人はプロセスに参加する必要がある。　内部統制プロセスの主な目標は、次のように分類できる。
　１．業務活動（パフォーマンス目標）の効率及び有効性。
　２．財務及び経営情報（インフォメーション目標）の信頼性、完全性、適時性。
　３．適用される法規（コンプライアンス目的）の遵守。

　本フレームワークは、COSO報告書の概念を取り入れたものである。

金融監督庁は、BCBSペーパーとFRBの「商業銀行検査マニュアル（Commercial Banking Examination Manual）」を参考に「預金等受入金融機関に係る検査マニュアル（通称：金融検査マニュアル）」を作成し、1999年7月に公表した。本マニュアルは、検査官が金融機関を検査する際に使用する手引書であるが、金融機関のリスク管理を補強するためのものと位置づけ、自己責任原則を基軸としている。

　金融庁は、検査部ではなく内部監査部の設置という邦銀に対するFRB要求を受け、2001年4月に本マニュアルを改訂し、従来の「検査」から「内部監査」への姿勢を明確にした。その参考とされたFRB「商業銀行検査マニュアル」は、内部監査人について、次のように述べている。

　　内部監査人は、銀行の会計、営業、管理の統制の健全性と充分性を評価する義務を負っている。

- これらの統制が迅速かつ正確に取引を記録し、資産を損失から守っていることを確認すること
- 新しい方針及び手順を策定並びに、必要な場合に、既存のものを改訂する手助けをすること
- 銀行の適用される法規の遵守について判断すること
- 管理の統制及び手続の有効性を評価すること
- 業務の効率性を評価すること

　要するに、誤謬、規則からの逸脱、不正等を摘発し、是正又は除去を求める「検査」から「業務及び内部統制体制の有効性及び効率性の評価並びに改善に役立つ内部監査」への進展を求めたのである。ところが、「internal control」を「内部管理」と和訳したために、検査マニュアル中の「内部管理」という用語が「administration」を意味しているのか「administration」と「management」の手段である「control」を意味しているのかの区別が判然としない状態になってしまっている。

　因みに、金融検査マニュアルは、2018年度末をもって廃止された。

2　日本における内部統制の周知

(1)　大阪地裁判決

　2000年9月の大和銀行株主代表訴訟における大阪地裁判決で、取締役及び監査役の義務が明示された。

　　取締役は、リスク管理体制を構築する義務を負い、さらに、代表取締役及び業務担当取締役がリスク管理体制を構築すべき義務を履行しているか否かを監視する義務を負う。監査役は、取締役がリスク管理体制の整備を行っているか否かを監査すべき職務を負う。

　本判決文には「会社経営の根幹に係わるリスク管理体制の大綱については取締役会で決定することを要し」との記載があり、これが内部統制体制構築の基本方針の取締役（会）決定を会社法で求める基となった。

　　健全な会社経営を行うためには、目的とする事業の種類、性質等に応じて生じる各種のリスク、例えば、信用リスク、市場リスク、流動性リスク、事務リスク、システムリスク等の状況を正確に把握し、適切に制御すること、すなわちリスク管理体制が欠かせず、会社が営む事業の規模、特性等に応じたリスク管理体制を整備することを要する。そして、重要な業務執行については、取締役会が決定することを要するから（商法260条2項）、会社経営の根幹に係わるリスク管理体制の大綱については、取締役会で決定することを要し、業務執行を担当する代表取締役及び業務担当取締役は、大綱を踏まえ、担当する部門におけるリスク管理体制を具体的に決定するべき職務を負う。この意味において、取締役は、取締役会の構成員として、また、代表取締役又は業務担当取締役として、リスク管理体制を構築するべき義務を負い、さらに、代表取締役及び業務担当取締役がリスク管理体制を構築すべき義務を履行しているか否かを監視する義務を負うのであり、これもまた、取締役としての善管注意義務及び忠実義務の内容をなすものと言うべきである。

(2)　神戸地裁所見

　2002年4月の神戸製鋼株主代表訴訟において早期和解を勧告した神戸地裁の「訴訟の早期終結に向けての裁判所の所見」でも、次のように、大阪地裁と同様の判断が明示された。

　　大企業の場合、職務の分担が進んでいるため、他の取締役や従業員全員の動静を取締役の職務の執行が法令及び定款に適合することを確保するための体制その他株式会社の業務並びに当該株式会社及びその子会社から成る企業集団の業務の適正を確保するために必要なものとして法務省令で定める体制正確に把握することは事実上不可能であるから、取締役は、違法行為が社内で行われないよう内部統制システムを構築すべき法律上の義務があるというべきである。

　以上の通り、大阪地裁も神戸地裁も「取締役はリスク管理体制＝内部統制システムを構築するべき義務とこれを監視する義務を負い、これは善管注意義務及び忠実義務の内容をなす」と判断したのである。

(3)　経産省の取組

　経済産業省は、「大綱」の公表から半世紀を経て、新しい内部統制のフレームワークを示すとして、2003年6月27日に「リスク新時代の内部統制─リスクマネジメントと一体となって機能する内部統制の指針」を公表した。その主要部分を引用すると、次の通りである。

　　内部統制とは、企業がその業務を適正かつ効果的に遂行するために、社内に構築され、運用される体制及びプロセスである。その目的としては、コンプライアンス（法令遵守）の確保、財務報告の信頼性の確保及び業務の効率化を挙げることができる。

　　適切なリスクマネジメント及び内部統制が構築・運用されることにより、企業に対する顧客、投資家等の信頼感を高めることができ、これにより、企業価値を向上させていくことが可能となる。

経営者等が適正かつ効率的な事業活動の遂行や適切な内部統制の運用を確かめることを支援するために、通常の業務執行部門とは独立した専門性を有する内部監査機能が存在し、組織横断的に内部監査を実施することが必要である。

3　日本における内部統制の法制化

　2005年7月26日に会社法が、2006年2月7日に会社法施行規則が制定された。会社法は、商法から第2篇の「会社」を抜き取り、株式会社の監査等に関する商法の特例に関する法律と有限会社法と合体し、現代的表記に改め平易に再編した法律で、2014年6月27日に改正されている。

　2006年6月7日に「証券取引法等の一部を改正する法律」及び「証券取引法等の一部を改正する法律の施行に伴う関係法律の整備等に関する法律」が成立した。金融商品取引法は、証券取引法の中に投資性の強い金融商品を入れ込み、広範な投資者の保護、開示制度の拡充、取引所の自主規制機能の強化、不公正取引への厳正対処等を目的に全面改正し、2007年9月30日をもって題名変更された法律である。

日本の法律用語に「内部統制体制」は存在せず、次のように言う。
会社法
　取締役の職務の執行が法令及び定款に適合することを確保するための体制その他株式会社の業務並びに当該株式会社及びその子会社から成る企業集団の業務の適正を確保するために必要なものとして法務省令で定める体制
金融商品取引法
　当該会社の属する企業集団及び当該会社に係る財務計算に関する書類その他の情報の適正性を確保するために必要なものとして内閣府令で定める体制

（1） 会社法の内部統制

会社法は、内部統制体制について、次の条文で規定している。

会社法	会社法施行規則	適用対象会社
第348条	第98条、第118条	取締役会非設置会社
第362条	第100条、第118条	監査役会設置会社
第399条の13	第110条の4、第118条	監査等委員会設置会社
第416条	第112条、第118条	指名委員会等設置会社

日本で内部統制体制の整備を義務付けた法律は、既述の通り、民法の善管注意義務であるとされている。「整備」とは「構築」と「運用」を意味する。会社法が義務付けたのは、体制構築の基本方針の取締役（会）決定並びに事業報告における決定事項及び運用状況の開示である。

このことを、監査役会設置会社を規定する条文を用いて、以下に例示するが、会社法の内部統制に関係する条文は<u>下線付部分</u>である。

会社法第362条（取締役会の権限等）

第362条　取締役会は、すべての取締役で組織する。

　2　取締役会は、次に掲げる職務を行う。

　　一　取締役会設置会社の業務執行の決定

　　二　取締役の職務の執行の監督

　　三　代表取締役の選定及び解職

　3　取締役会は、取締役の中から代表取締役を選定しなければならない。

　<u>4　取締役会は、次に掲げる事項その他の重要な業務執行の決定を取締役に委任することができない。</u>…(1)

　　一　重要な財産の処分及び譲受け

　　二　多額の借財

　　三　支配人その他の重要な使用人の選任及び解任

　　四　支店その他の重要な組織の設置、変更及び廃止

五 　第676条第１号に掲げる事項その他の社債を引き受ける者の募集に関する重要な事項として法務省令で定める事項

六 　取締役の職務の執行が法令及び定款に適合することを確保するための体制その他株式会社の業務並びに当該株式会社及びその子会社から成る企業集団の業務の適正を確保するために必要なものとして法務省令で定める体制の整備…(2)

七 　第426条第１項の規定による定款の定めに基づく第423条第１項の責任の免除

5 　大会社である取締役会設置会社においては、取締役会は、前項第６号に掲げる事項を決定しなければならない。…(3)

解説

　(1)は代表取締役等１人の取締役に任せてはならない（取締役の全員で決定しなければならない）こと、(2)は内部統制体制整備に関する方針、(3)は(2)について取締役会決議が必要であることを意味している。

　(2)の「法務省令で定める体制」は「会社法施行規則で定める体制」を意味している。

会社法施行規則第100条（業務の適正を確保するための体制）

第100条 　法第362条第４項第６号に規定する法務省令で定める体制は、当該株式会社における次に掲げる体制とする。

一 　当該株式会社の取締役の職務の執行に係る情報の保存及び管理に関する体制…(1)

二 　当該株式会社の損失の危険の管理に関する規程その他の体制…(2)

三 　当該株式会社の取締役の職務の執行が効率的に行われることを確保するための体制

四 　当該株式会社の使用人の職務の執行が法令及び定款に適合することを確保するための体制

五　次に掲げる体制その他の当該株式会社並びにその親会社及び子会
社から成る企業集団における業務の適正を確保するための体制…(3)

（イ～二を省略）

2　監査役設置会社以外の株式会社である場合には、前項に規定する体制
には、取締役が株主に報告すべき事項の報告をするための体制を含むも
のとする。

3　監査役設置会社である場合には、第1項に規定する体制には、次に
掲げる体制を含むものとする。…(4)

一　当該監査役設置会社の監査役がその職務を補助すべき使用人を置
くことを求めた場合における当該使用人に関する事項

二　前号の使用人の当該監査役設置会社の取締役からの独立性に関す
る事項

三　当該監査役設置会社の監査役の第1号の使用人に対する指示の実
効性の確保に関する事項

四　次に掲げる体制その他の当該監査役設置会社の監査役への報告に
関する体制

（イ～ロを省略）

五　前号の報告をした者が当該報告をしたことを理由として不利な取
扱いを受けないことを確保するための体制

六　当該監査役設置会社の監査役の職務の執行について生ずる費用の
前払又は償還の手続その他の当該職務の執行について生ずる費用又
は債務の処理に係る方針に関する事項

七　その他当該監査役設置会社の監査役の監査が実効的に行われるこ
とを確保するための体制

解説

　(1)は、1人の取締役による決定の責任を明確にするための、取締役会
議事録に記載されない事務処理の記録の保管を意味している。

⑵は、内部統制の中核であるリスク管理体制（つまり、防火体制）の整備の重要性を意味している。有名企業の事業報告を読むと、「弊社は危機管理マニュアルを整備し、社内説明会を開催して周知徹底を図っている」と略一様に記載されている。危機管理とは、risk management（予防法）ではなく、crisis management（対処法）の和訳であるから、上掲記載内容は、防火体制ではなく、消火体制の整備を意味しており、会社法施行規則を理解していないことを暗示している。

⑶は、単体ではなく、連結ベースの体制整備が求められていることを明示したものである。省略部分は、第1項から第4項に略同じ。

⑷は、監査役の職務を補助すべき使用人（監査役スタッフ）の確保、取締役及び使用人等からの報告の確保、職務執行で生ずる費用の処理に関する体制である。

第348条、第399条の13、第416条の何れの規定も第362条と略同様のものであるが、次の点については明確に異なる。

＊第416条の場合は、取締役会決議によって、指名委員会等設置会社の業務執行の決定を執行役に委任することができる。

＊第399条の13の場合は、過半数が社外取締役である取締役会の決議によって（第5項）、又は定款で定めることによって（第6項）、重要な業務執行の決定を取締役に委任することができる。

会社法施行規則第118条（事業報告）

第118条 事業報告は、次に掲げる事項をその内容としなければならない。

一　当該株式会社の状況に関する重要な事項

二　法第348条第3項第4号、第362条第4項第6号、第399条の13第1項第1号ロ及びハ並びに第416条第1項第1号ロ及びホに規定する体制の整備についての決定又は決議があるときは、その決定又は決議の内容の概要及び当該体制の運用状況の概要

解説

第2号末尾の「及び当該体制の運用状況の概要」は2015年2月6日の改正施行規則で加筆されたものである。これは、内部統制体制の整備について、作為義務及び不作為義務等の決め事の仕組（システム）を構築するだけでなく、決め事を（プロセスとして）実践させているか否かについても開示をさせるためのものである。

取締役は内部統制体制を構築して適切に運用する（体制を有効に機能させる）義務を負い、監査役はその事実を検証する義務を負う。

総括

株主は、会社の健全かつ継続的発展を確実にして安定的長期的配当を獲得するために、取締役会（社外取締役が過半数を占める監査委員会、監査等委員会）による業務執行取締役の職務執行に対する監視と監督を行なわせる。これが、コーポレート・ガバナンスの根本である。

日本においては、監査役（会）による監視と監査というコーポレート・ガバナンスの形態もある。

業務執行取締役は、株主との受委託契約により、会社を代理経営する職務とその結果について株主に報告をする説明義務を負う。株式会社の事業報告は、この説明義務を果たすための手段である。

業務執行取締役は、株主その他利害関係者の要請を的確に受け止め、取締役会の業務執行の決定（経営の方針等）を適切かつ有効に実行するために、経営管理用具である内部統制の体制を社内に構築し、その運用状況（有効に機能しているかどうか）を監視する。

この監視機能を業務執行取締役の代理人として果たすのが、内部監査人である。内部監査人は、業務執行取締役の懸念及び関心事項の実態を実地監査において調査し、把握し、その結果を報告することによって、業務執行取締役の株主その他利害関係者に対する、説明内容の信頼性を保証する。

以上が、コーポレート・ガバナンス—内部統制—内部監査の関係及び、株主—代理経営者—内部監査人の関係の解説である。

(2) 金融商品取引法の内部統制

金融商品取引法は、有価証券、金融商品等の公正な価格形成、取引を図り、もつて投資者の保護に資することを目的とする法律であり。この中に「内部統制報告制度」が規定されている。これに関する条文については、<u>序のⅠの5</u>を参照されたい。

金融商品取引法における内部統制は、上場会社の経営者による不正な財務報告の発生を予防、発見、是正する3つの自浄機能から成る体制と態勢であり、「財務報告に係る内部統制」と呼ばれている。

内部統制を1本の木にたとえれば、その殆どは法務省管轄の「全般的内部統制」であり、金融庁管轄の「財務報告に係る内部統制」は数本の枝に過ぎない。全般的内部統制の中核はリスク・マネジメントであり、木の幹に相当し、その中にコンプライアンスが含まれる。

(3) 内部統制基準と実施基準

2007年2月の企業会計審議会総会で内部統制報告制度の実施のための『財務報告に係る内部統制の評価及び監査の基準並びに財務報告に係る内部統制の評価及び監査に関する実施基準』が承認された。

これは、いわゆる「内部統制基準」と「実施基準」から成っており、内部統制基準は、次の3つで構成されている。

＊「内部統制の基本的枠組み」

　経営者が整備及び運用する役割及び責任を有している内部統制の定義及び概念的枠組を示している。

＊「財務報告に係る内部統制の評価及び報告」

　財務報告に係る内部統制に関する経営者による評価を示している。

＊「財務報告に係る内部統制の監査」

　　公認会計士等による内部統制報告書の監査の方法を示している。

　実施基準は、財務報告に係る内部統制の整備及び運用上の留意事項を以下の通り明示している。

　金融商品取引法で導入された内部統制報告制度は、経営者による評価及び報告と監査人による監査を通じて財務報告に係る内部統制についての有効性を確保しようとするものであり、財務報告の信頼性以外の他の目的を達成するための内部統制の整備及び運用を直接的に求めるものではない。しかしながら、財務報告は、組織の業務全体に係る財務情報を集約したものであり、組織の業務全体と密接不可分の関係にある。したがって、経営者が財務報告に係る内部統制を有効かつ効率的に構築しようとする場合には、目的相互間の関連性を理解した上で、内部統制を整備し、運用することが望まれる。

　これは、「金融庁管轄の内部報告制度は、財務報告に係る内部統制の有効性を確保しようとするものであり、法務省管轄の全般的内部統制についてのものではないが、財務報告に係る内部統制の整備は全般的内部統制の整備と密接不可分の関係にある」ことを示唆している。

column4　会社経営者の役職

　日本の会社法上の業務の決定と執行の機関は代表取締役と取締役だけであり、会長や社長の規定はない。CEO：chief executive officerやCOO：chief operating officerは米国の執行役の役職名である。職務の違いを考慮せずにCEOを会長と和訳し、COOを社長と和訳するのは短絡的誤りである。

　一般的和訳はCEO＝最高経営責任者とCOO＝最高執行責任者であるが、英語表記の素直な和訳は、最高経営執行者と最高業務執行者である。

# 継続企業の意味とその重要性

1 継続企業とは

　継続企業とは英語の going concern の和訳であり、継続企業の前提でなければ費用配分の原則に基づいて有形固定資産の取得原価をその耐用期間における各事業年度に配分することができないことを意味する。
　つまり、税務上10年償却を認められた固定資産の減価償却であっても、期末日から最低限1年以上継続企業として存続する能力がない場合は、全額を一括して償却しなければならない。例えば、10分の1相当の減価償却は、虚偽の表示になるという意味である。

　米国では、1988年4月に公表した監査基準書第59号で、1989年1月1日以降開始する事業年度から、「継続企業としての存続能力に重要な疑義が存在するかどうかを積極的に評価すること」を監査人に要求している。日本でも、2002年1月に公表した改訂監査基準で、2003年3月期から、「継続企業の前提に重要な疑義を抱かせる事象又は状況が存在するかどうかを検討すること」を監査人に義務付けている。

2 継続企業の重要性

　金融商品取引法で規定された財務諸表監査の目的は、投資者が重要な誤謬及び虚偽の表示が含まれている不正な財務報告によって誤った投資判断をしないように保護することにあるが、それだけでは投資者保護として十分でない。内部統制報告書の監査についても同様である。

粉飾による不正な財務報告が為されても株券は無価値にならないが、逆に不正な財務報告が為されなくても会社が倒産すれば株券は無価値になるので、投資者にとって最大の被害は、投資先の企業による粉飾ではなく、経営の破綻である。

内部統制基準で示された業務の有効性と効率性、財務報告の信頼性、事業活動に関わる法令の遵守、資産の保全という内部統制体制整備上の4つの目標が達成されていても、リスク・マネジメントを誤れば損失が発生するだけでなく経営破綻することもあり得るので、投資者その他の利害関係者を保護するためには、経営者が、適正な財務報告を作成するだけでなく、リスク・マネジメントを適切に実施するように監督して、継続企業としての存続能力を確保する必要がある。これが、株式会社の経営者にとって最重要の職務である。

3 内部監査の重要性

外部監査で継続企業の前提に重要な不確実性が認められないか否かを検討する目的は、投資者の保護にあり、当該会社のためではない。

自社及び子会社等が継続企業としての存続能力を確保するのに貢献するのが、実効を上げる内部監査である。

金融庁は、2001年4月公開の改訂金融検査マニュアルで「検査」から「内部監査」への姿勢を明確にした。このときに次の内部監査の定義が示された。

内部監査とは、各社業部門等の本部部門及び営業店等（被監査部門）から独立した内部監査が、被監査部門等における内部管理態勢（リスク管理態勢を含む）等の適切性、有効性を検証するプロセスである。

IV 内部統制の本質とモニタリングの重要性

1 内部統制の本質

　食品の産地と製造日の改竄、建築物の耐震偽装と不正改造、囮広告、医療過誤、性能データの偽装、手抜工事とデータの改竄、医薬品の不正製造と隠蔽工作、粉飾決算、燃費データの不正表示、無資格検査、製品品質データの改竄、申告漏れ、情報漏洩、不当表示、検査データ改竄、無資格社員による完成検査、労働基準法違反、入札談合、下請いじめ、審査データ改竄、建築基準法違反、無検査出荷等々の不祥事は、全般的内部統制の態勢の不備（従うべき決め事の軽視又は無視）に起因する。

　これらの許し難い出来事をマス・メディアが法令違反や不祥事という個別の事案として報道するため、日本人の殆どが全般的内部統制の体制及び態勢の整備の重要性を理解できないのである。

　これらの法令違反及び不祥事を予防するためには、以下の事項を理解する必要がある。

　＊全般的内部統制とは広範な概念であること
　＊その中核にリスク・マネジメントがあること
　＊その中にコンプライアンスが含まれており、法令遵守は、コンプライアンスと同一ではなく、その一部に過ぎないこと
　＊財務報告に係る内部統制は全般的内部統制の一部であり、全般的内部統制の体制及び態勢の整備が最重要であること
　＊その有効機能のためにはモニタリングが不可欠であること

　前記の事項を具体的に述べると、以下の通りとなる。

（1）　全般的内部統制

全般的内部統制とは、誤り＝誤謬、過ち＝不正、それらに起因する事故、不祥事、巨額損失等の異常な事態の発生を予防し、異常な事態が起きても直ぐに発見し、是正する、３つの自浄機能から成る体制及び態勢である。

（2）　財務報告に係る内部統制

財務報告に係る内部統制とは、会社の財務報告の信頼性を確保するための（不正な（虚偽表示のある）財務報告を予防、発見、是正する）３つの自浄機能を持つ体制及び態勢であり、全般的内部統制の一部である。

（3）　リスク・マネジメント

リスク・マネジメントとは、損失又は損害をもたらす要因を内包しているリスクが現実化する蓋然性を除去又は軽減するための体制及び態勢であり、リスクが現実化してもその影響を軽減するための体制及び態勢である。

（4）　コンプライアンス

コンプライアンスとは、事業体の社会的信用を保持するために、法令及び規則等に違反する行為だけでなく倫理及び道徳等の社会規範に背く行為も予防する目的で事業体が独自に設定した企業倫理プログラムであり、法令の遵守だけでなく、社会規範の尊重を含む概念である。

（5）　モニタリング

モニタリングとは、異常な事態の発生を適時に感知して対処するために、ある物事を継続して注視することを意味しており、継続的監視と和訳されているが、内部統制及びリスク・マネジメントの分野で言うモニタリングは、総ての役職員が業務に組み込まれた内部統制システムという決め事をプロセスとして継続反復的に、かつ適切に実践（＝具現）しているかどうかの、随時の点検及び評価である。

2 モニタリングの重要性

全般的内部統制とは、既述の通り、重大な誤り及び過ちの予防（予防できなくても発見及び是正）を目的として構築するものであり、モニタリングによる発見及び是正が重大な誤りの予防及び重大な過ちの牽制となり、全般的内部統制が有効に機能する。

全般的内部統制は単にシステムを構築するだけでは機能しないので、プロセスとして有効機能していることを確認するモニタリングの実施が必要である。

財務報告に係る内部統制も、フロー・チャート、業務記述書、リスク・コントロール・マトリクスという三点セットの文書化だけでは機能しないので、その有効性の評価（モニタリング）を実施する。

COSOの『内部統制の統合的枠組』は、「モニタリングには、日常的モニタリングと独立的評価の2つがある。モニタリングのプロセスは、日常的モニタリング活動若しくは独立的評価又は両者の組合せを通じて達成される」と述べている。

日常的モニタリングと独立的評価とは以下のものであるが、最近は、(1)を第1の防衛線、(2)を第2の防衛線、(3)を第3の防衛線と言う。

モニタリング	日常的モニタリング	(1) 組織内部の上位者による点検
	独立的評価	(2) 管理部署組織による二重点検
		(3) 内部監査組織による三重点検

全般的内部統制は、組織毎に日常の業務において、組織の責任者及び上位者等が部下の業務について、進捗状況、目標の達成状況、リスク・コントロールの有効性、重大な誤謬・怠慢・不正等の異常な事態の有無等を点検し、疑問があれば問い質す、問題があれば解決に導く、異常な事態があれば是正させる管理監督の活動によって担保される。これが、社内各部署で日常業務に組み込まれて実施され、**日常的モニタリング**と呼ばれる、1つ目の自浄機能である。

　これには点検者の油断、不注意、手抜により機能しなくなるリスクが存在しているので、管理部署による二重点検及び牽制によって重層的に担保される。これが、当該組織外部の第三者によって行なわれ、**独立的評価**と呼ばれる、2つ目の自浄機能である。

　しかしながら、管理部署等による独立的評価にも、評価先の部署との業務上の関係で生じる遠慮、油断、不注意、手抜等によって有効に機能しなくなるリスクが存在しているので、3つ目の自浄機能として、内部監査組織による独立的評価が必要となる。

　内部監査は、最も信頼性の高い独立的評価であるだけでなく、日常的モニタリングが現場単位の（社内組織毎の）自浄機能であるのに対し、全社的自浄機能として位置付けられる、重要な**独立的評価**である。

3　不正のトライアングル排除の重要性

　不正のトライアングルは、米国のDonald R. Cressey教授が服役中の横領犯罪者との面談調査と分析によって解明した不正の仕組についての仮説であり、Cressey教授は、「普通の人間が不正を働く動機を固めた背景には3つの要因（要素）の存在があり、3つの要因の1つでも排除すれば、不正を抑止できるのではないか」という仮説を述べた。

　つまり、「3つの要因中の1つを除去する毎に不正の抑止効果が増すのではないか」ということである。

　日常的モニタリングの適切な実施によって、不正のトライアングルの3要素中の機会だけでも除去すれば不正の牽制となるので、内部監査において不正の予防及び牽制に有効な「日常的モニタリング」の有効性を遺漏なく検討することが肝要である。

　殆どの解説書が3要素の1つを「動機」と記載している。その理由は、誤訳された元ネタを疑いもなく盗用しているからである。原文には「incentive and/or pressure」と記載されており、直訳すれば「動機／圧力」となる。関連用語の英語とその意訳は、次の通りである。
* motive＝動機 … 行動を抑え難い衝動・内的欲求
* motivation＝動機づけ … 行動を喚起する働き掛け
* incentive＝動機づけのための材料・手段 … アメ
* pressure＝動機づけのための材料・手段 … ムチ

　Cressey教授は3つの要素が揃うことで不正を働く動機が固まったと考えて不正のトライアングルと呼称したのであり、incentiveを動機と誤訳すると、他の2つの要素は不要となり、仮説は成立しない。

リスク・マネジメントとは

1　リスク・マネジメントの沿革

　内部統制は、事業目的実現の確実性を高めるための経営管理の手段であり、その核となるリスク・マネジメントは、経営目標達成の確実性を高めるための経営管理の仕組及び手続である。
　その具体的業務は、ビジネス・リスクの取込（risk taking）の是非の判断及び取込後のリスクの制御（risk control）である。
　英語のriskの語源は「岩礁の間を航行する」「勇気をもって試みる」を意味するラテン語のrisicare（リジカーレ）であったが、16世紀にスペイン語のriesgo（リエスゴ）として常套語化され、17世紀頃に英語でriskとなったと言われている。

　リスク・マネジメントは、米国で1940年代後半から、logistics（軍事物資の補給及び物流管理）、operation（軍事行動）等の軍事的戦略及び戦術を参考にした企業の財務管理者等によって、リスクの掛繋ぎ（risk hedge）のための手法として主に付保を中心に研究されたものであり、1950年代後半から、今日的ビジネス・リスク・マネジメントとして広く研究されるようになった。それが業務、法務、環境、情報、等の領域に拡大されたのは1990年代半ば以降である。
　内部統制についてはCOSOが示して世界的に受け入れられた共通の定義が存在するが、リスク・マネジメントについては大手会計事務所が独自の定義を展開しているため、概念上の混乱が生じている。

2　現在のリスク・マネジメントの概念

　元来リスクとはその現実化によって損失と損害をもたらすマイナスの概念であり、リスク・マネジメントとは偶発的出来事で被る損害をどう回避、転嫁、低減するかという、保険管理主体の業務であった。

　1950年代からビジネス・リスクの研究が進み、1990年代の半ばに、ビジネス・リスクは、コントロールの巧拙によって、損失だけでなく、利益ももたらすもの、上手くコントロールするのがビジネス・リスク・マネジメントとする概念が、会計事務所等によって公表された。

　現在は、次の4つの概念が存在している。

① 　マイナスの結果をもたらす蓋然性(probability)を持っている事象及び行為がリスクであり、これを抑制するのがリスク・マネジメントである。

　　蓋然性（probability）は、起こりえる確実性の度合を意味し、可能性（possibility）よりもその度合が高いことを言う。

　　likelihoodも、probabilityと同様の意味で使われる。

② 　目標及び計画の達成を阻害する要因(hazard)を持っている事象及び行為がリスクであり、これを抑制するのがリスク・マネジメントである。

③ 　計画通りの結果と異なる結果をもたらす不確実性(uncertainty)を持っている事象及び行為がリスクであり、計画とその結果の差異を最小範囲に抑制するのがリスク・マネジメントである。

④ 　マイナスの結果及びプラスの結果をもたらす要因（hazard）を持っている事象及び行為がリスクであり、マイナスのリスクの現実化を抑制し、プラスのリスクの現実化を促進するのがリスク・マネジメントである。

　　この種類の事象及び行為については、リスクとしてではなく、機会（opportunity）として捉えるのが一般的である。

　　この概念の適用が可能な業界は、投資、金融、保険の業種に限定される。

リスクとは現実化していない（いわば孵化していない卵のような）状態であり、リスク・マネジメントの概念及び手法は、業種によって大きく異なるので、自社に適合するものを選択することが肝要である。

3　リスク・マネジメントの基本用語

　リスクが現実化した状態がinjure（健康上の傷害）、harm（物質的、肉体的、精神的な傷害）、damage（損害、損傷）、loss（損失）、crisis（危機）の発生であるが、そのような状態になるのは、ハザード、エクスポージャー、ペリルの条件が揃ったときである。

　ハザードとそのエクスポージャーが同時に存在し、かつペリルが発生しなければ、リスクは現実化せず、どのような損害も発生しない。

(1)　ハザード（hazard）

　ハザードは、主に保険の分野で「危険要因」や「事故の間接要因」と和訳されている。ある物体又は状況が損害を与えるかもしれない状態をハザーダス（hazardous、安全に注意する必要がある状態）と言う。

(2)　エクスポージャー（exposure）

　エクスポージャーは、人及び物がリスクに晒され、人的危害及び物的損害を受ける可能性の高い状態を意味する。

(3)　ペリル（peril）

　ペリルは、主に保険の分野で「事故の直接原因」と和訳されており、ハザードとして同定（特定）した事故又は事件の発生を意味する。

用字上の注意事項

　リスクの発生とリスクの現実化は、全く異なる概念である。

リスク・マトリクスによるリスク評価の説明で下にリスクが発生する可能性、左にリスクの影響度、と記載しているのは、誤りである。その理由は、リスクが発生していなければ評価ができないからである。

(1) 英語版

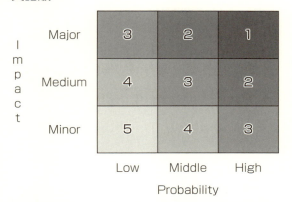

probabilityではなくlikelihood或いはconsequenceと言う人もおり、impactではなくseverityと言う人もいる。

(2) 非合理的表現

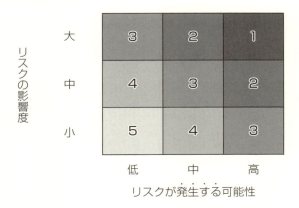

(3) 合理的表現

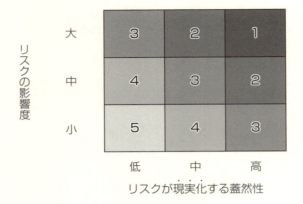

発生するのはリスクではなく危害及び損失であるから、probability 又は likelihood の合理的表現は、上記又は以下のものである。
　　横軸：リスクが現実化する蓋然性／損害が発生する蓋然性
　　縦軸：リスク現実化による影響度／発生する損害の影響度

「probability」の和訳として「発生頻度」「発生確率」「発生率」がある。この場合に「損害の発生…」という意味であれば正しい表現であるが、「リスクの発生…」という意味であれば誤訳となる。
　斯かる誤訳は英和辞書の occurrence ＝発生という和訳に起因すると思うが、occurrence は現実化も意味する。

　「リスクが発生する」という表現が道理に合わないことに気づいて、「リスクが顕在化する可能性」と記載する人もいるが、「顕在化」とは、「可視化」「表面化」であり、「潜在しているリスクの存在が認識されること」であるから、「現実化」とは異なる概念である。
　このことは、太平洋戦争中に投下された爆弾が爆発せずに残り、工事現場等で発見された場合を想定して考えれば、理解が容易となる。

① 爆弾が製造されたとき（遅くとも、爆弾が投下されたとき）が、人的・物的損害を被るリスクの発生である。

② 爆弾が不発弾として地中深く残った。これが、リスクの潜在化である。

③ この不発弾が工事現場で発見された。これが、リスクの顕在化である。

④ この爆弾が信管を外されずにある状態を、ハザーダスと言う。

⑤ この爆弾をそれと知らずにいじくり爆発したときが、ペリルである。

⑥ この爆発で人及び物が損害を被ったときが、リスクの現実化である。

4　リスク・マネジメントと危機管理の違い

(1)　リスク・マネジメント（Risk Management）

　リスク・マネジメントは、人的及び物的損害をもたらす蓋然性を持つリスクを除去又は軽減し、かつそれが現実化してもその影響（損害）を軽微に抑える体制及び態勢である。

　事業体におけるビジネス・リスク・マネジメントはリスクの現実化による金銭的損害の予防及び軽減を主たる目的としているが、法務リスク（法令及び規則に違反するリスク、処罰されるリスク、社会的信用を失うリスク）の現実化の予防及び軽減も重要である。

(2)　クライシス・マネジメント（Crisis Management）

　危機管理とも和訳されているクライシス・マネジメントは、リスクが現実化して危機状態に陥ったときに、クライシス・コントロールを実施して適切に（効果的、効率的、経済的に）危機状態から脱出するための対処法であり、リスク・マネジメントの一部に過ぎない。

　リスク・マネジメントはリスクの現実化及びその影響を抑制する予防（事前）手続であり、クライシス・マネジメントはリスクの現実化で危機状態に陥った場合の対処（事後）手続であるが、リスク・マネジメント手続の中に組み込んで置かなければならない。

全般的内部統制の中核がリスク・マネジメントであり、目標の達成、金銭的損害及び名声的損害の発生の予防による事業体の健全かつ継続的発展という事業目的の実現は、その巧拙にかかっている。

事業体のコンプライアンスは、適切なリスク・マネジメントによって担保される。

5　ビジネス・リスク・マネジメントの手続

ビジネス・リスク・マネジメントとは、事業に伴なうリスクを識別、分析、評価してその回避又は受容を決定し、その受容を決定した場合に、損害をもたらす蓋然性、目標の達成を阻害する要因、計画とその結果に差異をもたらす不確実性を持っているビジネス・リスクの現実化を抑制するとともに、現実化した場合の影響を軽減する手段及び行為である。

事業収益を獲得するためにはビジネス・リスクの取込が不可避であるから、損害の発生の予防並びに目標及び計画の達成確度を高めるためにビジネス・リスク・マネジメントが不可欠であるが、適切な（効果的、効率的、経済的）手法及び費用で、適時かつ適切に実施しなければならない。そのためには、組織目標を明確に設定し、それに適う有効な対応プログラムを策定して置かなければならない。

ビジネス・リスク・マネジメントは難解な印象を与えがちであるが、その基本的業務は、日常業務における予算管理、契約管理、在庫管理、債権管理等であり、多少難解な業務として新規事業の進捗管理があり、その基本は日常的モニタリングである。

(1)　予算管理

 ⑴　予実差異（計画・目標・予算と実績の差異）を把握する。

 ⑵　差異について、その原因を究明する。

 ⑶　差異の解消に有効な措置を検討して実行する。

これは、先ず製造部署で実施され、後に営業その他の部署で取り入れられた、目標の達成確度を高めるのに有効な、予算統制（製造部署では生産統制と言う）の手法である。

生産統制（product control）とは、製造工程の業務が設定した標準の通りであればそれを持続し、標準から逸脱していれば正常に戻す等の、生産業務計画の実現に必要な、維持及び調整等の統制（control）を言う。

(2) 契約管理

⑴ ハイ・リスクの契約について、相手方の履行状況を点検する。

⑵ 契約不履行があれば、その原因を究明する。

⑶ 損害回避に有効な措置を検討して実行する。

契約の不履行は、取引先の事情だけでなく、天災等によっても発生し得るので、リスクの分散を図って置くことが肝要である。

必要であれば、相手方の信用状態を調査して成約限度（契約限度）を設定して管理する。

(3) 債権管理

⑴ 売上代金及び貸金の回収状況を点検する。

⑵ 回収遅延があれば、その原因を究明する。

⑶ 損害回避に有効な措置を検討して実行する。

掛売及び貸付を行なう場合は、相手方の信用状態を調査して信用限度（掛売及び貸付の限度）を設定して管理する。

必要であれば、担保及び保証等の債権保全措置を講じる。

(4) 在庫管理

⑴ 商品在庫の回転状況を点検する。

⑵ 滞留在庫があれば、その原因を究明する。

⑶ 損害回避に有効な措置を検討して実行する。

在庫取引の場合は、販売計画に見合う在庫限度を設定して管理する。

契約日と受渡日が異なる場合は、成約限度を設定して管理する。

多数の会社に共通する健全経営上の基本は、製造又は購入した商品を全量販売すること並びに売掛金及び貸金を全額回収することである。

(5)　新規事業の進捗管理

ここでは、他社から持ちこまれた商談に乗る場合及び新規事業に進出する場合を想定して、リスク・マネジメントの手続を詳しく解説する。

①　案件に存在しているリスクの識別及び同定

案件に内在しているビジネス・リスクを識別して同定（特定）する。

②　リスク分析による、リスクが現実化する蓋然性、リスクが現実化した場合の損害、案件の実行により獲得できる利益等の評価

同定したリスクを分析して、それが現実化する蓋然性、現実化した場合の損害、案件の実行により獲得できる利益を定量的又は定性的に評価する。

③　リスクの回避又は取込の決定、取込の場合の限度の設定……（Plan）

当該リスクの回避（案件の不実行）又は取込（＝受入）の何れかを決定し、取込の場合は損失限度額を設定する。

新規案件を実行する過程で損失が限度額を超過する可能性が高くなった場合は、当該契約を解消する又は当該事業から撤退する。

他社から持ちこまれた商談に乗る場合は、当該契約の解消に備えて必要な事項を契約内容に明記して置く必要がある。

④　リスク・コントロールの方法の決定……（Plan）

移転、分散、分離、軽減、中和、容認（放置）等のリスク・コントロールの方法を選定して決定する。

⑤　リスク・コントロールの実行……（Do）

予め選定及び決定したリスク・コントロールを実行して、リスクの現実化を抑制する。

リスクが現実化した場合は、予め策定したリスク対応プログラムを実施する。危機対応のプログラムは最悪の事態への対処策である。

⑥　リスク関連インテリジェンスの収集……(Do)

リスク・コントロールに必要かつ有用な情報を収集する。

informationは雑音及び誤報が混在している単なる情報であり、intelligenceは雑音及び誤報を除去した価値のある情報である。

有効なリスク・コントロールのための関連情報の収集においては、誤報（競合者からの意図的な誤報と第三者からの意図的でない誤報がある）を基に判断を誤ることのないよう、正確かつ有効なintelligence（価値のある情報）の収集に努めなければならない。

⑦　リスク・コントロールのモニタリング……(Check)

コントロールが有効に機能しているかどうか、リスクがハザードに進展していないかどうか等をモニタリングする。

リスク・マネジメントのモニタリングとは、リスクがハザーダスに進展するのを抑制するため、及びハザーダスに進展しても直ちに発見するために、当該コントロールが有効に実施されているかどうかを、点検、分析、評価、確認等をすることである。

⑧　インフォメーション及びコミュニケーション……(Check)

リスク・コントロールの有効性のモニタリングの経過及び評価等について、責任者に対する相談、報告、承認申請、関係者に対する情報開示等の、双方向の連絡をとることである。

⑨　リスク・マネジメントの実効性のレビュー……(Check)

定期又は随時の一定時点で、リスク・マネジメントのシステム及びプロセスの有効性（実行したリスク・コントロール手続）の実効性を点検、分析、評価する。

⑩　リスク・マネジメントの改善案の策定及び実行……(Act)

レビュー結果に基づいて、リスク・マネジメントの不備及び欠陥に係わる是正及び改善案を策定し、実行する。

6　マネジメント・サイクルとは

　マネジメント・サイクル（management cycle）とは、1880年代末の米国の鉄道建設で作業目標と実績の差異を埋めるための統制に始まり、1930年代からシューハート及びデミングによって提唱され、製造会社において採用された、科学的品質管理（quality control）の手法である。

　マネジメント・サイクルとは、①計画を立てる、②それを実行する、③その効果を評価して、④改善措置を施すという一連の業務改善のプロセスをサイクルで表現したものであり、日本では、管理サイクル又はPDCAサイクルと和訳されている。

　マネジメント・サイクルの概念は、生成順に、以下の3種類がある。

[1]　PDSサイクル（Plan-Do-See Cycle）

　19世紀後半に米国の鉄道業界に開発された概念であり、テイラーがその考案者であるとの説もあるが定かではない。

[2]　PDCAサイクル（Plan-Do-Check-Act Cycle）

　1939年にシューハートが提案した概念で、デミングの解説によって広く知られるようになったため、日本ではデミング・サイクルとして知られているが、当人はシューハート・サイクルと呼んでいた。

　PDCAの頭文字の原文は動詞であるから、AをActionと表示したり、アクションと表示したりするのは誤りであり、正しくはActである。実行という和訳も誤りで、正しくは実行するである。

[3]　PDSAサイクル（Plan-Do-Study-Act Cycle）

　米国のデミングは、当初は、その師シューハートが考案したPDCAサイクルの普及に努めていたが、晩年に、Checkという用語が分析に関する点検を強調し過ぎると感じてStudy（検討する）に修正したと言われている。

上記の3種の他にPlan-Do-Check-ReportやPlan-Do-Check-Replanと表示するものがある。一般的ではないが、最適の表現である。

本来のPDCAサイクルは、生産目標達成のための手段であり、1つの計画単位で繰り返すものではなく、Doの段階で小さなDCAサイクルを繰り返すものであり、その場合のActは、生産目標を達成するための、維持・制御・調整様々の生産統制（product control）である。

これは、以下の図のように最初の計画のPDCAサイクルのDoの中でDo-Check-Actが継続反復すると考えるとわかりやすい。

大きなサイクル中のActは、最初の計画（Plan-1）が終了後次の計画（Plan-2）の作成を意味する。その前に、最初の計画を実行する過程でDo-Check-Act-Do-Check-Act-Do-Check…を繰り返す。

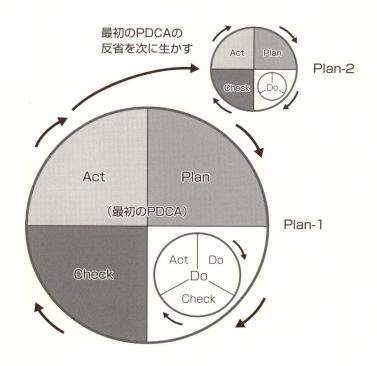

図表３：PDCAサイクルのプロセス

Plan-1		目標１を掲げ、その達成のための手段・仕組の計画1-1を作成する。
↓		
	D	計画１を実行する。
	C	計画１の目標の達成度（進捗状況・標準との格差）を点検・評価する。
	A	目標未達のときは、達成のための制御・調整等の統制1-1を設定する。
Do	D	統制1-1を施して計画１を実行する。
	C	計画１の目標の達成度と統制1-1の有効性を点検・評価する。
	A	目標未達のときは、達成のための制御・調整等の統制1-2を設定する。
	:	目標１を達成するため、上記の行動を継続反復する。
↓		
Check		計画１の終了後に実行結果と統制の有効性を点検・評価する。
↓		
Act Plan-2		計画１の経験と反省を踏まえ、次の目標２を掲げ、その達成のための計画２を作成する。
↓		
	D	計画２を実行する。
	C	計画２の目標の達成度（進捗状況・標準との格差）を点検・評価する。
	A	目標未達のときは、達成のための制御・調整等の統制2-1を設定する。
Do	D	統制2-1を施して計画２を実行する。
	C	計画２の目標の達成度と統制2-1の有効性を点検・評価する。
	A	目標未達のときは、達成のための制御・調整等の統制2-2を設定する。
	:	目標２を達成するため、上記の行動を継続反復する。
↓		
Check		計画２の終了後に実行結果と統制の有効性を点検・評価する。
↓		
Act Plan-3		計画２の経験と反省を踏まえ、次の目標３を掲げ、その達成のための計画３を作成する。
↓		
:		新たな目標を達成するため、上記の行動を継続反復する。

PDCAサイクルは、日本では業務改善の手法として、製造以外の部署にも知られているが、適切な解説を受けていないため、その仕組が理解されておらず、実践できないのが現状である。

　PDCAサイクルは、P-D-C-Aを矢印で繋ぐ平面図で解説されるので、同じことを堂々巡的に繰り返すと誤解されがちであるが、1周する毎にAct-1の実施結果（目標の達成度及びそのために実施した種々の統制の有効性等の評価）を次のPlan-2に生かして、螺旋状にレベル・アップ（spiral-up）を実現する管理手法である。

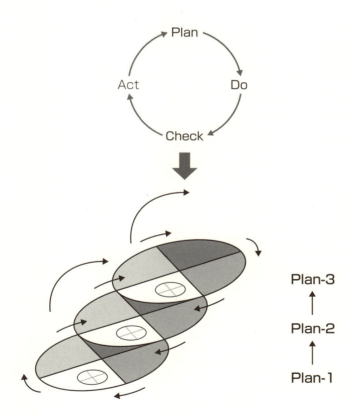

内部監査でリスク・マネジメントの有効性を評価する要領は、PDCA
サイクルが有効に実施されているかどうかを検証することである。

　PDCAサイクルの実践は、監査の適切実施と品質確保を可能とする。

＊監査人は、監査業務が一通り進んだ段階で、監査実施手順書の通りに
　監査業務が進捗しているか、目標の通りに検証結果がでているか、監査
　手続は有効であるか等を自己点検及び評価して、必要な修正を施す。

＊監査組織の責任者及び上位者等は、個別監査の進捗状況及び監査手続
　の妥当性等を随時に点検して、必要な処置（コントロール）を施す。

---

column5　近代的内部監査のPennsylvania鉄道

　米国で内部監査を最初に採用したのは多額の資産と日々の入金を管区長
及び駅長が適切に管理し報告をしている保証を必要としたPennsylvania
鉄道会社のJohn Edgar Thomson社長であり、同社の「鉄道管理のための
組織（1852年11月23日）」に、建設部、輸送部、コントローラー（会計
及び内部監査）部、トレジュリー（財務）部の4部が掲載されている。

　Thomson社長は、1857年2月にcontroller and internal auditorを部長と
するコントローラー部を新設し、その配下に2人の監査人補と数人の上級
事務職を置き、treasurerを責任者とする財務部の業務の一部を分担させる
とともに、総ての収入と支出について、伝票と記録書類の保管状況、責任
者の署名の有無、伝票と証憑の突合による処理の適切性、等の点検、監査
結果の報告を実施させた。

　第2章-Ⅱ-1-⑺通産省の取組で記述したコントローラー（会計）部の
設置、財務部との事務の分掌、内部監査の実施等の推奨は、Pennsylvania
Railroad Companyのスタッフ制度に倣ったものである。

第3章

三様監査

　監査とは、監査を受ける側の業務の適切性、有効性、効率性、記録の正確性、適時性、記録保存等の適切性を確かめ、監査意見の正当性等を立証する証拠を収集し、それらを基に形成した監査意見を利害関係者に適時かつ正確に伝達する体系的検証業務である。

　三様監査とは、監査役による株主保護のための監査、外部監査人による投資者及び株主の保護のための監査、内部監査人による会社等の経営への貢献のための監査という、３つの監査形態を言う。

　これは日本独特のものであり、外国には、外部監査と内部監査の２形態しかない。

語源が意味する監査の本質

　監査という用語は1881年に制定された会計検査院章程第3条で初めて使用され（官金及ヒ物品ノ出納官有財産管理ノ方ヲ監査ス）、**監査役**という用語は1890年に制定された旧商法で初めて使用された。
　監査とは監督検査、監察検査、監視検査、監察審査等の略語であると言われているが、監査という用語は、明治新政府の法整備における西洋語の和訳の際に造られた2文字の新造語であり、西洋語の原意を体するものでないし、監督検査の略語でもない。
　監督は人事権を持ち指揮及び命令をすることであるのに対し、監査は独立性を保ち助言又は勧告をするだけであり、立場を全く異にする。
　「監」は俯瞰して全体をよく捉えること、「査」は調べることであり、先ず山を見る、次に森を観る、そして木を視るという手順で監査対象を絞り込み、よく調べて事実を把握及び確認することが重要である。
　英語のauditと仏語のauditionの語源はラテン語の「**注意を払ってよく聴く**」という意味の名詞auditus（不定詞はaudire）であり、独語のRevisionと西語のrevisionの語源もラテン語の「**注意を払ってよく見る**」という意味の名詞revisus（不定詞はrevidere）である。

　監査において重要なことは、相手の説明を注意深く聴き、それを立証する証拠資料を注意深く検証して事実を把握及び確認することであり、ラテン語のaudireとrevidereは、監査の本質と在り方を示している。
　監査人にとってもう1つ重要なことは、検証によって確認した事実を関係者に正確に伝達することである。料理にたとえると、実務が調理、伝達が盛付であり、この2つを揃えることが肝要である。

 三様監査とは

　外国における監査の形態は、商法若しくは会社法又は証券取引法等の法規制に基づき公認会計士又は勅許会計士又は会計士事務所が実施する法定の**外部監査**及び会社の自主的判断により社内の者又は会社から受託した社外の者が実施する任意の**内部監査**の2種類だけである。
　日本においては、会社法に基づき監査役が実施する**監査役監査**、会社法及び金融商品取引法に基づき公認会計士又は監査法人が実施する**外部監査**、会社が任意に実施する**内部監査**の三者三様の監査形態があり、これらを**三様監査**と呼んでいる。

　監査役（corporate auditor）という会社機関は、それを採用している中国、台湾、韓国を除き、他には存在しない、日本固有のものである。
　明治時代にそれぞれの原語から一様に「監査役」と和訳されたため、英国とドイツにも日本と同様の監査役が存在すると誤解されているが、英国のauditorの有資格者はChartered Accountant（勅許会計士）とCPAであり、ドイツのAbschlußprüfer（決算監査人）の有資格者もWirtschaftsprüfer（経済監査士）とCPAである。その職務は会計監査に限定されている。
　監査役と誤訳されているドイツのAufsichtsratの職務は、Direktoren（directors）ではなく、Vorstandsadmitglied（執行役会構成員）の選任、解任、監督、助言、Abschlußprüfer（決算監査人）の選任、解任であり、監査ではないので、正しい和訳は**監督役会**、英訳はsupervisory boardである。

監査役等の監査

1 監査役監査とは

　監査役（会）設置会社の取締役会はマネジメント・ボードであり、監査役会はアドバイザリー・ボードである。
　監査役監査は、会社法第381条に基づき、取締役の職務の執行が法令及び定款に適合して実施されているかを監査役が検討する監査である。

　監査役監査は、監査役が会社法の規定に基づき、取締役の職務執行に対する監査と株式会社の計算書類に対する監査から成る。
　「業務監査」及び「会計監査」は学問上の用語であり、会社法の条文にそのような記載はない。
　監査役は、いつでも取締役、使用人、子会社等に対して事業の報告を求め、業務及び財産の状況の調査をすることができる。
　監査役は、計算書類、事業報告、附属明細書についても監査する。

2 監査役監査の目的と生成経緯

　1890年4月に制定された日本初の商法（旧商法）において、株主及び債権者の保護を目的に、監査役の設置が規定され、監査役は、業務監査及び会計監査の権限を付与された。
　1899年3月の全部改正（新商法）においても、業務監査と会計監査の権限を付与されたが、GHQが主導した1950年5月の一部改正において、取締役会制度の導入により会計監査に限定された。

108

1963年から1972年にかけて大企業による粉飾及び経営破綻が頻発したため1974年4月に商法が抜本的に改正され、株式会社の監査等に関する商法の特例に関する法律（当初、監査特例法と呼ばれたが、監査以外の特例が盛り込まれて以降、商法特例法と呼ばれた）が制定された。

　商法特例法とは、株式会社の規模に応じた規制、手続、制度を定めた法律であり、次のものが規定されている。

＊重要財産委員会（第1条の3）

＊会計監査人（第2条）

＊監査役会（第3条）

＊監査法人（第4条）等

第3章 三様監査

　商法の規定する計算書類の監査（会計監査）は、商法特例法の規定により、以下の通りに変更された。

＊資本の額が5億円以上の株式会社（大会社）の会計監査人（公認会計士又は監査法人）による会計監査を規定（商特法第2条）

＊資本の額が1億円以下の株式会社（小会社）の監査役には、会計監査権のみを付与（商特法第22条、第25条）

　大会社の規定については、1981年の商法の一部改正で「負債の合計金額が200億円以上」が追加された。

　2005年6月に会社法が制定され、監査役は、会社の規模に関わらず、取締役の職務執行及び計算書類の監査の権限を付与（会社法第381条、第436条）された。

　但し、会社法において会計監査人設置会社が規定されたため（第2条第1項）、当該会社においては会計監査人（公認会計士又は監査法人）が計算書類、附属明細書、臨時計算書類、連結計算書類の監査を行ない、監査役は、当該監査の方法及び結果の相当性について監査する（会社法第396条第1項、第436条第2項）。

監査役会設置会社及び会計監査人設置会社を除く公開会社ではない株式会社の場合は、その監査役の監査の範囲を会計に関するものに限定する旨を定款で定めることができる（会社法第389条）。

3　監査役監査の機能

(1)　取締役の職務執行の監視機能
取締役の職務執行に対する監視機能とは、取締役の職務の執行を監査して、取締役が会社の目的外の行為及び法令若しくは定款等に違反する行為をした場合又はする惧れがあると認識した場合、当該取締役に助言又は勧告を行なう等の必要な措置を講じる機能である。

(2)　会社の財産の保全機能
会社財産の保全機能とは、会社に著しい損害又は重大な事故等を招く惧れがある事実及び会社業務において著しく不当な事実を認めた場合、当該取締役に助言、勧告、当該行為の差止め請求をする機能である。

(3)　株主に対する報告機能
株主に対する報告機能とは、監査の方法及び結果並びに取締役に法令又は定款等に違反する行為があった場合、その旨を監査報告に記載して株主総会に報告する機能である。

4　監査委員会設置会社と監査等委員会設置会社の新設

迅速で的確な会社の業務執行の決定を可能とするため及び監査役の監視機能に対する外国人投資家の不信感を払拭するため、2003年4月1日施行の商法特例法で、米国のモニタリング・モデルに倣い、**委員会等設置会社制度**が導入され、**監査役（会）設置会社**制度との選択制となった。

しかしながら、社外取締役による役員の選定及び報酬の決定に対する抵抗感、3委員会の設置には取締役の増員が必要等の誤解があり、東証上場の委員会等設置会社数は60社乃至70社前後で推移してきた。

　「委員会等設置会社」という名称は、2008年6月13日に成立の会社法で「委員会設置会社」に変更され、更に、2014年6月20日に成立の改正会社法で「監査等委員会設置会社」制度が新設されたため、これらの混同を避けるため、「委員会設置会社」の名称から「指名委員会等設置会社」に変更された。

　監査役については、日本独自の機関で国際的理解を得るのが難しく、「監査役は、実質的に社長によって指名されるので、独立性が担保されていない」という不信感が、外国投資家に根強くあった。

　日本監査役協会は、2012年8月29日に監査役を「Audit & Supervisory Board Member」に、監査役会を「Audit & Supervisory Board」と英訳するように推奨したが、これは「監査・監督委員会」を意味することとなるので、筋が通らない。何となれば、監査役は、助言及び勧告をするだけであり、指揮及び命令という監督をしてはならないからである。

　人事権と報酬決定権を社外取締役に委ねることに強い抵抗がありかつ適当な人材確保の難しさと相まって委員会設置会社へ移行した会社数が70程度で頭打ちとなったため、2014年6月27日に成立の改正会社法で、指名委員会と報酬委員会を設置する必要のない**監査等委員会設置会社**の制度が新設された。

5　監査委員会の監査

　指名委員会等設置会社においては、指名委員会、報酬委員会及び監査委員会という3つの委員会が取締役会の中に置かれ、各委員会は取締役3人以上の委員で組織され、社外取締役がその過半数を占める。

各委員会の委員は取締役会の決議によって選定及び解職される。執行役は取締役会の決議によって選任及び解任される。

　執行役は、取締役を兼ねることができ（会社法第402条）、取締役会決議によって委任を受けた指名委員会等設置会社の業務の執行の決定と指名委員会等設置会社の業務の執行を行なう（同第418条）。従って、指名委員会等設置会社の取締役会は、モニタリング・ボードである。

　指名委員会は株主総会に提出する取締役の選任議案を、報酬委員会は執行役と取締役が受ける個人別の報酬等の内容を決定し、監査委員会は執行役等の職務の執行を監査する。

　監査委員会監査は、監査委員会が選定する監査委員が会社法第405条に基づき、執行役、取締役、支配人等の職務の執行が法令及び定款に適合して実施されているかどうかについて監査委員会が検討する監査である。

6　監査等委員会の監査

　監査等委員会設置会社においては、監査等委員とそれ以外の取締役を区別して選任する（329条2項）。

　監査等委員会設置会社の取締役会は、監査役設置会社と同様のマネジメント・ボードであるが、過半数が社外取締役である取締役会の決議によって、又は定款で定めることによって（第5項又は第6項）、重要な業務執行の決定を業務執行取締役に委任する（モニタリング・ボードに変更する）ことができる。

　監査等委員会監査は、監査等委員会が選定する監査等委員が、会社法第399条の3に基づき、取締役、支配人等の職務の執行が法令及び定款に適合して実施されているかどうかについて監査等委員会が検討する監査である。

 外部監査

1 外部監査とは

　監査とは、経済活動及び事象についての経営者の主張と確立された規準の合致の程度を確かめるために、経営者の主張についての証拠を客観的に収集及び評価し、利害関係を有する利用者にその結果を伝達する体系的プロセスである。

　上記は、米国会計学会（American Accounting Association: AAA）が1972年に公表した外部監査の定義である。
　経営者の主張とは、財務諸表の構成項目で明示又は暗示する経営者の言明である。経済活動及び事象とは、経営成績及び経済的事象である。
　確立された規準とは、一般に認められた会計原則（Generally Accepted Accounting Principles：GAAP〈ギャープ〉）である。日本では、一般に公正妥当と認められる会計基準と言う。米国の監査基準は、一般に認められた監査基準（Generally Accepted Auditing Standards：GAAS〈ギャース〉）と言う。

　経営者の主張はGAAPに準拠していなければならない。GAAPに準拠していない財務諸表は、虚偽の表示と評価される。虚偽の表示が重要であるかどうかは経営者の主張がGAAPからどの程度乖離しているかによるので、外部監査人の業務は、財務諸表に記載された経営者の主張についての監査証拠を収集、検討、評価することである。

2　外部監査の目的と生成経緯

　米国連邦政府は、1929年に始まった恐慌に対処するニュー・ディール政策推進に必要な投資を誘発する目的で1933年証券法及び1934年証券取引所法を制定し、一般投資者保護のため後者において年次報告書及び四半期報告書に独立公共会計士の監査証明書を添付することを有価証券発行会社に義務付けた。これが世界初の法定外部監査の開始であった。

(1)　金融商品取引法に基づく財務諸表の監査

　1947年3月に制定され、1948年4月の全部改正を経て、1950年3月に一部改正された証券取引法において、一般投資者の保護を目的に、上場会社及び店頭登録会社が提出する財務諸表について公認会計士又は監査法人による（監査）証明の取得が義務付けられた。

　「証券取引法」の題名は2007年9月に「金融商品取引法」へと変更されたが、基本的に、財務諸表監査についての規定の変更はない。

　金融商品取引法第193条の2第1項に規定された監査は、上場会社の財務諸表が財務諸表等規則等と一般に公正妥当と認められる企業会計の基準等に準拠して適正に作成されているかどうかを公認会計士又は監査法人等が検討し、監査意見（無限定適正意見、限定付適正意見、不適正意見又は意見不表明）を記載した監査報告を提出する監査である。

　金融商品取引法第193条の2第2項に規定された監査は、上場会社の内部統制報告書が一般に公正妥当と認められる財務報告に係る内部統制の評価及び監査の基準並びに財務報告に係る内部統制の評価及び監査に関する実施基準に準拠して適正に作成されているかどうかを公認会計士又は監査法人等が検討し、監査意見を記載した監査報告を提出する監査である。

(2) 会社法に基づく計算書類の監査

1974年4月に制定された商法特例法において商法上の大会社（資本の額が5億円以上又は負債の合計金額が200億円以上の株式会社）に対する会計監査人（有資格者は公認会計士又は監査法人）による計算書類等の監査が義務付けられた。

商法特例法は、商法第2編「会社」及び有限会社法とともに、2005年6月に会社法へと改編され、適用の対象が大会社の場合から会計監査人設置会社の場合に変更されたが、基本的に、会計監査人監査についての規定の変更はない。

会社法第396条第1項に規定された会計監査は、会計監査人設置会社の計算書類が会社計算規則と一般に公正妥当と認められる企業会計の慣行等に準拠して適法に作成されているかどうかを会計監査人が検討して、会計監査報告を提出する監査である。

3 外部監査の機能

(1) 批判的機能

批判的機能とは、外部監査の本質的な機能であり、被監査会社の財務諸表が適正に表示しているかどうかについて、一般に公正妥当と認められる会計基準等に照らして、批判的（懐疑的）に検討する機能である。

1950年3月の証券取引法の一部改正の際に追加された第193条の2の規程を引き継ぐ金融商品取引法第193条の2第1項で、被監査会社の財務諸表が適正に表示しているかどうかについて、一般に公正妥当と認められる企業会計の基準に照らして、批判的に検討する機能が求められた。

2002年1月に改訂された監査基準で、2003年3月期から被監査会社の財務諸表に継続企業の前提に重要な疑義を抱かせる事象又は状況が存在するかどうかについて、批判的に検討する機能が加えられた。

金融商品取引法の第193条の2第2項で、2008年4月以降開始する事業年度から被監査会社の内部統制報告書が適正に表示しているかどうかについて、一般に公正妥当と認められる財務報告に係る内部統制の監査に関する基準に照らして、批判的に検討する機能が加えられた。

(2) 指導的機能

指導的機能とは、財務諸表上の問題及び財務諸表作成プロセスの不備等について指摘し、改善を助言又は勧告し、適正な財務諸表を作成するよう、被監査会社を指導する機能である。

＊2003年3月期から、①継続企業の前提に関する重要な疑義が存在する場合、財務諸表に注記を義務付ける機能が、②内部統制報告書が適正に表示されていない場合、及び内部統制の開示すべき重要な不備を発見した場合、経営者に是正を求める機能が加えられた。

(3) 情報提供機能

情報提供機能とは、投資者等の利害関係者のために、意思決定に使用される被監査会社の有価証券報告書等について、監査意見（無限定適正意見、限定付適正意見、不適正意見）という情報を提供する機能である。

＊無限定適正意見とは、一般に公正妥当と認められる企業会計の基準に準拠して、会社の財務の状況を総ての重要な点において適正に表示していると判断した場合、その旨を監査報告書に記載する。

＊限定付適正意見とは、一部に不適切な事項はあるが、財務諸表全体に対してそれほど重要性がないと考えられる場合は、その不適切な事項を記載し、その会社の財務の状況は「その事項を除き、総ての重要な点において適正に表示している」と記載する。

＊不適切な事項が発見され、財務諸表全体に重要な影響を与える場合、その会社の財務状況を「適正に表示していない」と記載する。

更に、不適正意見等を暗示する意見不表明という情報提供もある。

 内部監査

1 内部監査とは

　内部監査とは、事業体の自主的判断により、取締役会又は理事会及び最高経営執行者又は経営管理委員等の経営者に委託された事業体内部の者（内部監査人）又は事業体外部の者（公認会計士等）が委託者（事業体）のため、その目となり耳となって実施する、任意監査又は自主監査である。

　内部監査は、経営者（取締役会又は最高経営執行者等）が、株主その他利害関係者に対するコミットメントを実現するため、自らに課された受託職務を果たすため、経営方針が社内各部署と子会社の末端まで徹底されているかどうかを確かめるため、社内各部署と子会社が計画通りに業績を上げているかどうかを確かめるため、更には、全般的内部統制の有効性を確かめる等の自らの監視義務を果たすために、内部監査人等に委託して行なわせる代理業務である。

　内部監査人は、経営者の懸念事項及び関心事を的確に理解して、その期待に応える監査を実施する必要がある。

2 内部監査の目的と生成経緯

　1830年代に運行を開始した米国の鉄道会社は、膨大な資金を外国資本に依存していた。Pennsylvania鉄道会社のJohn Edgar Thomson社長は、株主への説明義務を適切に果たすため、複数の州を跨ぎ広範囲に点在する多額の資産及び日々の入金を管区長及び駅長が適切に管理及び報告している保証を必要とし、1852年に近代的な内部監査を開始させた。

Thomson社長は、treasurerを責任者とする財務部からcontroller & internal auditorを責任者とする会計部を分離し、後者に総ての収入及び支出について伝票と記録書類の保管状況、責任者の署名の有無、伝票と証憑の突合による処理の適切性等の点検並びに監査結果の社長宛報告を実施させた。これが内部牽制（internal check）の端緒である。

第1章Ⅱの1の(6)で解説した1950年代の通産省の取組は、日本企業に対するこのcontroller & internal audit systemの移植であった。

Thomson社長は、米国におけるライン＝スタッフ体制（現業組織と管理組織の分離）の創始者としても高名である。

1941年11月に、内部監査人の専門職意識及び教育を促進する目的で、New Yorkにおいて内部監査人協会（The Institute of Internal Auditors: IIA）が設立された。現在はFlorida州に本部を置いている。

日本では、三菱合資会社が1918年にPennsylvania鉄道会社と同様の目的で内部監査についての内規を制定し、社長の命を受けた経理課長が分系会社に対する所有者型内部監査を開始した。

太平洋戦争中に原材料、生産設備、労働力の有効活用と能率の向上を目的とする陸海軍による軍需工場に対する外部監査が実施されたため、被監査会社はその受入体制の整備のために内部監査を開始した。

日本において内部監査が飛躍的に普及したのは、1951年7月から実施された証券取引法に基づく外部監査の受入のために内部監査組織を設置する必要に迫られたためであった。

日本における内部監査は、初期段階から従業員による重大な誤謬及び不正の摘発を主要目的に会計責任及び会計管理の検証という会計監査を中心に実施されてきたが、1980年代から1990年代にかけて改善施策の提案による業務担当部署の能率向上の支援或いは有用情報の提供による経営者に対する貢献等を目的とする会計監査及び業務監査に移行した。会社によっては、経営診断を行なう経営監査も志向された。

業務の効率化が進んだ現在も、従来通りの、法律・規則・基準等への準拠性、業務処理の正確性、記録の保管状況等の点検に終始し、重箱の隅を突っつくと揶揄されている内部監査組織が散見されるが、今日期待されている内部監査は、経営者の視点で行なう監査、経営管理を質的に評価する監査、会社の健全かつ継続的発展の支援により最高経営執行者及び取締役会等に貢献する監査である。

3　内部監査の機能

(1)　アシュアランス機能

　アシュアランス機能とは、監査先の業務に異常な事態が存在していないかどうかを証拠の入手によって検証し、監査結果通知書及び監査報告書に記載した監査意見（指摘及び提言）の外に異常な事態は発見されなかったという合理的保証（安心感）を監査先責任者及び経営者等に提供する機能であり、外部監査の批判的機能に相当する。

(2)　アドバイザリー機能

　アドバイザリー機能とは、監査先の組織、業務、内部統制の体制及び態勢に存在している異常な事態の解消、解決、改善、再発防止に有効な施策を提言する機能であり、内部監査の指摘は外部監査の批判的機能に相当し、提言は外部監査の指導的機能に相当する。

　内部監査人は、アシュアランスという内部監査業務において、異常な事態の原因及び指摘並びにその抜本的解消に有効な施策の提言により、アドバイザリー機能を果たすが、監査先に対する**コンサルティング**は、非監査業務であるから、引き受けてはならない。

　ⅡAの1999年の内部監査の定義はコンサルティング活動と記載しているが、これは、非監査業務であり、内部監査は行なうべきでない。

IIAが定義したコンサルティングとは、経営者に対するものではなく、内部監査を受ける側に対するものであり、この業務で報酬を得ている人々によって彼らの利益のために挿入された機能である。

米国では、2002年7月30日に制定されたサーベインズ・オクスリー法第201条で財務諸表監査を実施する監査人の被監査会社に対する非監査業務（例えば、内部監査のoutsourcing）の提供が禁止されている。

日本でも2006年6月に一部改正された公認会計士法の第24条の4及び2007年8月15日に改正された内閣府令第5条で「公認会計士は、非監査業務により継続的な報酬を受けている場合には、当該会社の財務諸表について監査証明業務をしてはならない」と規定されている。

2014年5月に改訂された日本内部監査協会「内部監査基準」の第1章「内部監査の本質」には、次の通り記載されている。

1.0.1　内部監査とは、組織体の経営目標の効果的な達成に役立つことを目的として、合法性と合理性の観点から公正かつ独立の立場で、ガバナンス・プロセス、リスク・マネジメントおよびコントロールに関連する経営諸活動の遂行状況を、内部監査人としての規律遵守の態度をもって評価し、これに基づいて客観的意見を述べ、助言・勧告を行うアシュアランス業務、および特定の経営諸活動の支援を行うアドバイザリー業務である。

(3)　モニタリング及び情報提供機能

モニタリング機能とは、監査先の組織及び業務、内部統制の体制及び態勢が有効にかつ効率的に機能しているかどうかを独立的立場でモニタリング（≒点検及び確認）する機能を言う。情報提供機能とは、モニタリング結果及び監査結果等の意思決定に有用な情報を監査先責任者及び経営者等に提供する機能を言う。

COSO報告書は、以下の通り「その本来の職務の一部として」と明記しており、内部監査は内部統制の構成要素の１つ（内部統制の有効性の評価の専従者）ではない。

Internal auditors normally perform internal control evaluations as a part of their regular duties, or upon special request of the board of directors, senior management or subsidiary or divisional executives.

2007年２月15日に企業会計審議会から公表された財務報告に係る内部統制の評価及び監査の基準（内部統制基準と略称する）は、**４．内部統制に関係を有する者の役割と責任（4）内部監査人**において以下の通り記載しているが、「内部監査人の本務である」とは記載していない。

「内部監査人は、内部統制の目的をより効果的に達成するために、内部統制の基本的要素の一つであるモニタリングの一環として、内部統制の整備及び運用状況を検討、評価し、必要に応じて、その改善を促す職務を担っている。」

（注）本基準において、内部監査人とは、組織内の所属の名称の如何を問わず、内部統制の整備及び運用状況を検討、評価し、その改善を促す職務を担う者及び部署をいう。

米国会計士協会（AIA）の1948年の総会で承認された『監査基準書（SAS）』は「内部監査部門は内部統制システムの重要な一部である」と定義した（厳密には、監査手続書（SAP）第２号を引用した）が、この定義は、米国公認会計士協会（AICPA、1957年にAIAから改称した）が1975年に公表したSAS 第９号『独立監査人の監査範囲に及ぼす内部監査機能の影響』で既に否定されている。

図表４：三様監査の一覧表

項目		外部監査	
		公認会計士監査	会計監査人監査
監査の目的		投資者の保護	株主の保護
		不正な財務報告の防止	不正な会計処理の防止
監査の根拠		金融商品取引法 第193条の２	会社法第396条
監査の基準		金融商品取引法、 財務諸表規則等	会社法、 会社計算規則等
監査人		公認会計士、監査法人	会計監査人 （公認会計士、監査法人）
監査人の選解任		（株主総会）	株主総会
監査対象	業務執行	―	―
	会計処理	財務諸表、関連書類	計算書類、会計帳簿
	内部統制	内部統制報告書	―
監査範囲	業務執行	―	―
	会計処理	財務諸表の適正性	計算書類の適正性
	内部統制	内部統制報告書の適正性	―
報告先		（代表取締役、監査役会）	代表取締役、監査役会

（注）会計監査人設置会社においては、会計監査人が会計監査を行ない、監査役は
その方法及び結果の相当性を監査する。

監査役監査	内部監査
株主の保護	取締役会及び経営者への貢献
取締役の職務執行のオーバーサイト（監視）、会計監査	経営目標の達成と健全かつ継続的発展等の事業目的の実現の支援等
会社法第381条（業務監査）会社法第436条（会計監査）	会社の自由意志（内部監査規程等）
会社法、監査役監査基準	内部監査規程等
監査役	内部監査人、監査法人等（受託者）
株主総会	経営者、取締役会等
取締役の職務執行、事業報告等	業務、業務記録、事象
計算書類等、会計帳簿又は大会社の会計監査人監査	計算書類等、会計帳簿
取締役会決議、事業報告	内部統制
取締役の職務執行の適法性	業務の準拠性、適時性、妥当性、有効性
計算書類等、会計帳簿の適法性、又は会計監査人監査の相当性	会計処理の準拠性、正確性、適時性
決議及び開示の適法性	内部統制の体制及び態勢の有効性
代表取締役、監査役会、株主総会	経営者、取締役会等

表の中の「監査役」は、「監査役」「監査等委員」「監査委員」と読み替える。「監査役監査」は、「監査役監査」「監査等委員会監査」「監査委員会監査」と読み替える。

 三様監査の要点

① 監査役は、会社法第381条第1項の規定に基づき、株主保護のため、取締役の職務執行の法令及び定款への適合性を監査する。

　監査委員会及び監査等委員会は、監査役と同様の監査権に加えて、取締役であることから、監督権をも有する。「監査委員会及び監査等委員会は、適法性監査に加え、妥当性監査を職務内容とする」とする解説書があるが、監査役は差止め請求権を有しており（第385条）、今日では、妥当性だけでなく、内部統制の有効性にも及ぶ。

② 外部監査人は、会社法第396条第1項の規定に基づき、投資者保護のため、株式会社の計算書類の適正性を監査する。

　外部監査人は、金融商品取引法第193条の2第1項の規定に基づき、投資者保護のため、上場会社の財務諸表の適正性を監査する。

　外部監査人は、金融商品取引法第193条の2第2項の規定に基づき、投資者保護のため、上場会社の内部統制報告書の適正性を監査する。

③ 内部監査人は、自社の内部監査規程に基づき、自社及び子会社等の経営目標の達成並びに事業目的の実現の支援のため、自社の職員及び子会社等の役職員の業務執行の法律・規則・規程、基準等への準拠性及び有効性等を監査する。

　監査役監査と外部監査は監査報告書の提出をもって監査業務を終了するが、内部監査は、監査意見に対する監査先の回答書に記載された異常な事態の抜本的解消措置に対するフォロー・アップの実施による内部監査の実効の確認をもって完結する。

 # 三様監査の連携

　前述の3種類の監査は、基本的に、監査の目的並びに監査主体の立場及び任務を異にしているが、会社に対する貢献という意味では共通及び関連する業務を行なっているので、三者間で連携してそれぞれの監査の有効性及び効率性の向上並びに相互補完を図る必要がある。
　厳密には「連係」が適当と思うが、ここでは「連携」を使用する。

1　監査役の外部監査人との連携の意義

　会計監査人設置会社の監査役監査は、会社法の規定により、取締役の職務執行の法令及び定款への適合性の監査に限定されているので、当該会社の計算書類の適法性及び適正性については会計監査人が監査する。監査役は、会社法及び株式会社の監査に関する法務省令の規定により、会計監査人の監査の方法及び結果が相当であると認めるかどうかを監査報告に記載しなければならない。

　会社法及び会社法の規定に基づく法務省令並びに監査役監査基準及び実務指針等の規定に係わりなく、外部監査人は業務に関連する法令及び関係規則等に関係する情報を適時に収集及び検討しているので、斯かる情報を外部監査人から入手できれば監査役にとって効率的であり、会計処理上の懸念事項についても、専門家である公認会計士に重点的に監査して貰うのが有効かつ効率的である。
　因って、監査役と外部監査人の情報交換会を適宜に開催するのが適当である。

2　監査役の内部監査人との連携の意義

　監査役は、会社法の規定により、内部監査組織に対し、活動の状況について報告の請求又は調査をすることができる立場にある。

　監査役は、取締役が内部統制体制の整備という職務を適法に執行しているかどうかについて検討しなければならないが、監査役及びスタッフだけでは十分な監査が困難な状況にある場合が多い。

　内部監査組織は、一般的に、監査役よりも多くの人員を擁しかつ社内事情に精通しているので、会社の従業員の事業活動について業務監査を行なう場合は、監査役スタッフを使用するよりも内部監査人を活用する方が遥かに効果的かつ効率的である。

　但し、内部監査組織を監査役の直属組織としたり、指揮下に置いたりすることは許されない。

3　外部監査人の内部監査人との連携の意義

　外部監査人は監査計画の立案に当たって被監査会社の内部統制を評価するが、内部統制の有効性評価においては、個別の業務プロセスを点検する内部監査を利用するのが有効かつ効率的な場合もある。

　日本公認会計士協会が1998年3月24日に公表した監査基準委員会報告第15号「内部監査の整備及び実施状況の把握とその利用」に、監査人が内部監査業務を利用する場合の実務指針が記載されている。その一部を抜粋して要約すると、以下の通りである。

　14　監査人は、実施する監査手続、その実施の時期及び範囲の決定において、内部監査の有効性を評価して監査を進めることにより監査の効率化を図ることができる。

17　監査人は、内部監査の利用を計画する場合には、内部監査の年間計画を検討し、適時に内部監査の責任者と協議する必要がある。

18　監査人は、内部監査結果について説明を受け、内部監査調書及び内部監査報告書を閲覧できるように内部監査の責任者と協議しなければならない。…監査人は、通常、内部監査に影響を及ぼし得る重要な事実を内部監査の責任者に報告することにより連携を効果的なものとすることができる。

4　内部監査人の監査役との連携の意義

　内部監査の業務は、基本的に、当該会社の従業員の業務活動に関わる業務監査及び会計監査に限定されており、その監査業務を行なう過程で経営上の問題を把握してもそれを最高経営執行者及び当該業務担当役員等に改善の進言をすることが難しい場合が多いが、このような場合は、監査役から最高経営執行者及び当該業務担当役員等に改善の助言をして貰うことにより、監査目標の達成が可能となる。

　監査先だけでは対処できない課題及び問題の解決を最高経営執行者及び当該業務担当役員等に進言する場合にも、監査役の支援を仰ぐのが適当である。

　監査役は、その権限を行使して、経営環境の変化、業務執行方針及び組織等の変更、異常な取引又は事象等の情報を適時的確に把握しているので、内部監査人が、内部監査計画を立案する段階及び内部監査を実施する前の段階で、これらの情報を監査役から聴取できれば、有効な内部監査計画の立案及び内部監査の実施が可能となる。

　因って、内部監査組織の責任者等は、監査役と毎月1時間乃至2時間程度の打合せの機会を持つのが適当である。

5 内部監査人の外部監査人との連携の意義

外部監査人は監査業務に関連する法令及び規則等の情報を適時に把握及び収集しているので、斯かる情報を外部監査人から入手できれば内部監査人にとって効率的である。会計処理上の懸念事項について専門家である公認会計士に重点的に監査して貰うのが有効かつ効率的である。

因って、内部監査組織の責任者等は、外部監査人と四半期毎又は半期毎に1時間乃至2時間程度の打合せの機会を持つのが適当である。

6 三者による情報交換会

三者による情報交換会が開催されている会社は現時点では稀な状況にあるが、三様監査の連携が必要であり有効であることは関係者の殆どが認める事実である。

しかも、三者は株式会社における内部統制の構築及び運用並びにその有効性の評価という重要な課題に直面している状況にあり、それぞれの監査の計画、実施、報告、内部監査のフォロー・アップ等のプロセスにおいて、三者間で緊密な情報交換を行なう必要がある。

同一の監査先に対する同一時期の監査の重複実施を回避するために、三者は、それぞれの監査計画を開示し、協議する必要がある。更には、それぞれの監査結果の開示によって、自らの監査の有効性及び効率性を向上させることが可能となることを認識する必要がある。

三者が参集する情報交換会の開催が望ましいが、それが難しければ、監査役と外部監査人、監査役と内部監査人、外部監査人と内部監査人による個別の情報交換会を開催すればよい。

第 **4** 章

現代の実践的内部監査

　現代の実践的内部監査は、重大な病気の予防又は早期発見並びにその治療及び再発防止により、株式会社等の事業体の健全かつ継続的発展への貢献を目的に行なう、事業体内の各組織及び事業体外の下部組織に対する健康診断及び加療上の助言である。

　画一的監査及びテーマ監査ではなく、コントロールが効かないために残る統制リスク（残余リスク）を濃密に検証する、監査リスク・ベースの監査を実施する。

経営に貢献する内部監査とは

1　経営に貢献する現代の実践的内部監査

(1)　経営に貢献するとは

　内部監査は、第1章1の5「内部監査とは」で述べた通り、経営者の目となり耳となって実施する、代理業務であるから、経営者（取締役会及び最高経営執行者等）の意向（懸念及び関心事項）を的確に理解し、その期待に応える必要がある。

　「経営に貢献する内部監査」の「経営に貢献する」とは、経営者の懸念及び関心事項について監査して、早急に対処を要する事項の有無、経営判断、全般的内部統制体制の整備、財務報告に係る内部統制の有効性の評価、内部統制報告書の作成等に有用な情報を提供することである。

経営者の懸念及び関心事項は、基本的に以下の3つである。

　[1]　予算及び計画の達成度

　　経営目標が確実に達成されかつ会社の財産が保全されて、安定的かつ継続的に事業継続、雇用、配当ができるか。
　(1)　主力事業の継続能力
　(2)　新規事業の進捗状況
　(3)　研究開発の進捗状況

　[2]　リスク・マネジメントの有効性

　　リスク・マネジメントの失敗によって多額の損失を計上し、継続企業としての存続能力を喪失する惧れはないか。

(1) 債権管理の有効性

(2) 在庫管理の有効性

(3) 契約の履行状況

[3] コンプライアンスの有効性

不祥事及び違法行為によって会社の信用を失墜し、継続企業としての存続能力を喪失する惧れはないか。

(1) 法律・規則の遵守状況

(2) 行動規範の遵守行状況

(3) 道義的義務の遂行状況

経営に貢献する内部監査とは、これら3つの実態を検証して経営者に報告し、経営判断に資する、併せて、異常な事態の抜本的解消に有効な施策を監査先の責任者に提供してその実現に導くことにより、自社及び子会社等の健全かつ継続的発展に資するものである。

(2) 現代の実践的内部監査とは

経営に貢献する現代の実践的内部監査は、会社の経営目標の達成及び事業目的の実現を支援する健康診断及び有効な助言の提供である。

現代の実践的内部監査とは、病気の予防又は感染している病気の早期発見及び再発防止のために実施する、自社の組織及び子会社等に対する健康診断及び加療上の助言である。

担当医である内部監査人は、被験者に診断結果を説明し、病気の予防又は加療及び再発防止に有効な処置等を助言し、その実現に導くことによって、経営に貢献する。

つまり、会社内の組織及び子会社等が健康で長く働ける状態にあるかどうかを検査し、異常が認められればその原因を究明し、予防に有効な生活習慣の改善又は治療及び再発防止に役立てるための健診である。

131

現代の実践的内部監査においては、従来の一般的内部監査のような、監査先の業務の現状が規準に適合しているか、基準を充足しているか、所定の責任者の承認印を取得しているか、業務の結果が正確であるか、重要な書類を所定の期間保管しているかよりも、業務上のムリ、ムラ、ムダ、未対処の重大なリスク、誤謬、怠慢、不正、内部統制の不備等の**異常な事態が潜在してはいないか**、経営目標を着実に達成しているか、継続企業としての存続能力（事業の継続能力）が確保されているかどうかについて、重点的に**検証**する。

　「継続企業としての存続能力」は、「当該組織の存続能力」又は「当該組織の事業の継続能力」と読み替えてもよい。

　検証とは、規準への適合性、基準の充足性、業務及び結果の有効性等の観点での実情の**点検**、関連資料の加工、**分析**、**突合**、**比較**、分析結果の**評価**による確認である。

　検証においては、**閲覧、面談、実査、勘定分析、趨勢分析、突合**（＝**照合**）、**比較、年齢調べ**等の監査技術を適用して、評価及び確認を行なう。

　異常な事態の存在を確認したときは、それを立証する監査証拠を確保するとともに、異常な事態の**原因**を究明し、**原因及び実情を指摘**するとともに、生活習慣の改善、体質の改善、治療、患部の切除等に相当する**加療及び再発防止**（異常な事態の根絶）に有効な施策を提言する。

　多数の内部監査人に「××という不備があるので、○○の規定を制定…」と提言する傾向が見られるが、これでは異常な事態の抜本的解消に役立たない。異常な事態については、その原因と実情の異常性を指摘しなければならない。

　異常な事態の原因及び実情の指摘並びに抜本的解消のための施策の提言を**監査意見**と言う。監査人は、監査意見の合理性を立証するために、必ず有力な**監査証拠**を必ず確保して置かなければならない。

　監査証拠を入手するための手段及び方法を**監査技術**、それらの複数の組合せを**監査手続**と言う。

2　内部監査人とその業務の属性

(1)　内部監査人は取締役会等の経営者のスタッフ

　　内部監査人は、客観的かつ率直な意見を提供するため、外見的にも実質的にも、その独立性を保持していなければならない。

　　内部監査人は、客観的検証を行ない、助言を提供するだけであり、ライン組織に命令したり、自ら実行したりしてはならない。

(2)　内部監査は取締役会及び経営者から受託した監視業務

　　内部監査とは取締役会及び最高経営執行者等からその職務の一部である監視業務を受託した代理業務であるから、経営者の懸念及び関心事項を的確に理解し、その期待に応える必要がある。

3　現代の実践的内部監査の目的

　　自社及び企業集団各社の継続企業としての存続能力の確保に貢献する現代の実践的内部監査の目的は、その損失の予防、収益の拡大、資産の保全、企業価値の増大等の経営目標の達成を支援することにより、健全かつ継続的発展という事業目的の実現を支援することにある。

　　換言すると、事業体の経営目標の達成及び事業目的の実現を阻害する要因を発見して、その原因及び実情を指摘し、阻害要因の抜本的排除に有効な施策を提言してその実現に導くことにより、事業体の経営目標の達成及び事業目的の実現を確実なものとするよう支援することであり、この中には違反行為の牽制及び不祥事の予防を含む。

　　IIAが1947年に公表した意見書は、内部監査の本質を次の通りに要約している。

内部監査は、経営者に対する防衛的かつ建設的サービスの基礎として、会計、財務、その他の業務のレビューのための、組織体内の独立的評定活動である。内部監査は、他の統制手段の有効性を測定しかつ評価することによって機能する統制の一形態である。内部監査は、基本的に会計及び財務事項を取り扱うが、業務的性質の事項も適当に取り扱うこともあろう。（筆者訳）

　防衛的とは、守りのガバナンスであり、建設的とは攻めのガバナンスである。他の統制手段（一次統制と二次統制）と書いてあるのは、内部監査は当時内部統制の一部（三次統制）であると理解されていたからである。

　IIAは、上述の通り、1971年までは、内部監査とは経営者に貢献する業務であると定義づけていたが、1978年から、組織体に貢献する業務であると改訂した。

　内部監査とは、組織体に対する貢献として組織活動を検査し評価するために組織体内に設置された独立的評価機能である。内部監査の目標は、その義務を効果的に解除するよう組織体構成員を支援することである。内部監査は、この目標のため、吟味した活動に関する分析、評価、提案、助言、情報を組織体構成員に提供する。（筆者訳）

　IIAの1999年改訂基準は、内部監査を次の通りに定義している。

　内部監査は、組織体の事業に価値を加え、向上させるためにデザインされた、独立的、客観的アシュアランス及びコンサルティングの活動である。内部監査はリスク・マネジメント、コントロール、ガバナンスのプロセスの有効性を評価して向上させるための規則正しく規律のとれた手法の適用によって組織体が目標を達成するのを支援する。（筆者訳）

　この定義では内部監査の目的を事業への付加価値及び組織体目標の達成の支援にあるとしたが、監査先に対するコンサルティング活動（⇒監査業務と非監査業務の同時提供）は不適切であり、監査意見としての助言（⇒アドバイザリー）に限定するのが適切である。

現代の実践的内部監査は、次の要領で会社に貢献し、延いては、株主その他の利害関係者に貢献する。

①　部長（業務運営管理者）及び部下の業務目標の達成、異常な事態をもたらすリスク並びに異常な事態の特定及び最小化、業務の継続、組織の存続、業務運営管理の向上等を支援する。このことによって、

②　最高経営執行者及びその他の経営執行者に有用情報を提供し、その意思決定並びに株主及びその他の利害関係者に対するコミットメントの信頼性向上及び実現を支援する。このことによって、

③　自社及び子会社等の企業集団の健全かつ継続的発展、社会的信用、企業価値の向上等を支援する。これは、株主及びその他の利害関係者に対する貢献に繋がる。

4　現代の実践的内部監査の実効

現代の実践的内部監査の実効は、監査先が看過している異常な事態を発見し、その抜本的解消に有効な助言を提供して、監査先をその実現に導き、異常な事態の抜本的解消を図ることである。

監査先の自尊心を傷つけないように配慮して事実を淡々と述べ、監査意見を素直に受け入れるように仕向けること及び経営判断に役立つ監査報告の提出に心掛けることが肝要である。

5　実効を上げる内部監査の要点

内部監査の実効を上げるためには、金銭的名声的打撃を与える異常な事態を発見しなければならない。

①　異常な事態の根絶が、予算、計画、目標の達成及び事業継続能力の確保並びに誤謬、怠慢、不正の等発見及び予防を可能にするので、内部監査の成否は異常な事態の発見にかかっている。

② 異常な事態は内部統制の体制及び態勢の不備によって発生して潜在するので、その効率的発見方法は次の通りである。

⑴ 金銭的名声的打撃を与える重要なビジネス・リスクを特定する。

⑵ これに対する内部統制（又はリスク・コントロール）の有効性を評価する。

⑶ これが有効機能していないために残る統制リスクの程度を評価する。

⑷ こうして特定した統制リスクの高い事項を重点的に検証する。

これが、経営に貢献する現代の実践的内部監査の効率的かつ効果的実施方法である。予備調査において内部統制又はリスク・コントロールの有効性を評価する理由は、監査リスク・ベースの内部監査を実施するためである。

③ 監査リスク・ベースの監査を実施する。

内部監査の実効を上げる指摘及び提言に繋がる異常な事態を効率的かつ効果的に発見する内部監査の手法は、監査リスク・ベースの監査である。この詳細については、Ⅲ「内部監査の関連用語」で開設する。

6　現代の実践的内部監査と内部統制評価の違い

⑴　内部監査人の本務

内部監査人の本務は、自社及び子会社等の経営目標の達成の支援を目的とする健康診断及び加療上の助言であり、内部統制報告書の作成を目的とする財務報告に係る内部統制の評価ではない。

内部監査人が内部統制の有効性を検証する目的は、経営目標の達成を阻害する要因（内部統制態勢の不備等によって発生する異常な事態）を発見し、その抜本的解消に有効な対処策を監査先の責任者に提言するとともに、経営判断及び財務報告に係る内部統制の有効性の評価に有用な情報を経営者に提供することにある。

(2) 財務報告に係る内部統制の評価との違い

　財務報告に係る内部統制とは、不正な財務報告の発生を予防、発見、是正する３つの自浄機能から成る体制及び態勢である。財務報告に係る内部統制の評価は、上場会社代表者が金融商品取引法で義務付けられた内部統制報告書を提出するために実施するものであり、経営目標の達成及び事業目的の実現を支援するために実施するものではない。

7　現代の実践的内部監査と従来の一般的内部監査の違い

(1)　内部検査と従来の内部監査の同一性

　検査でも一般的内部監査でもチェック・リストを使って点検し、発見した不備及び違反等について是正勧告又は改善要請をするので、検査と内部監査の違いはない。そもそも、勧告と要請は監査意見ではない。

　内部監査の目的は、異常な事態の抜本的解消に導き経営目標の達成を支援することである。異常な事態の抜本的解消を図る有効な施策を案出するためには、異常な事態の発生原因を究明しなければならない。

(2)　従来の一般的内部監査の弱点

　従来の一般的内部監査には、以下の６つの弱点又は欠落がある。

[1]　規程等の網羅性、整合性、適正性を点検しない

　規程、基準、手続、書式の整備状況を点検するが、内容の網羅性、適正性、有効性、十分性を検証しない。

　これでは、社内規程、基準、手続、書式等が有効であることを保証できないし、その内容に不備及び不整合があっても気づかない。

[2]　規程等に準拠していない理由を究明しない

　社内の規程、基準、手続、書式等に準拠しているか否かを点検し、準拠していない原因を究明しない。

　これでは、是正要請に終り異常な事態の抜本的解消を図れない。

[3]　一連の業務を追跡して点検しない

　契約不履行等の異常な事態の発生の感知に必要な、売買契約⇒商品受渡⇒代金決済という、一連の業務の推移を追跡して点検しない。

　チェック・リストを使用して脈絡のない事項を点検しても、異常な事態を容易に発見できない。

[4]　趨勢分析を適用しない

　会計処理の異常変動の有無の点検、業務の有効性の点検、事業及び収益の継続性の点検をしない。趨勢分析を適用しなければならない。

[5]　異常な事態の抜本的解消に有効な提言をしない

　監査意見であると誤解して改善要請をするだけである。この結果、異常な事態の一時的是正は図れるが、抜本的解消は図れない。異常な事態へのパッチワーク的対処でなく、抜本的解消に有効な提言をしなければ、個別監査の実施の都度もぐら叩きを繰り返すことになる。

[6]　異常な事態の抜本的解消を図れないことに気付かない

　上司の承認印の取得、誤計算及び誤記の訂正、重要文書の作成及び保管等の改善を要請して異常な事態が解消したと錯覚し、それがつぎあてに過ぎず、同様事態の再発防止に役立たないことに気付かない。

　責任者の承認印を得ていなかったという社内規程違反であっても、穏便にすますために「承認印の取得漏れ」という表現で改善を求め、責任者が押印すれば、それで改善が実現したと錯覚する。

　計算及び記録等に誤りがあった場合は、その訂正をもって、改善が実現したと錯覚する。

　責任者が申請書及び報告書に押印するということは、①その内容を点検して問題がないと確認した（管理監督業務を遂行した）こと及び②問題が発生した場合は自分が責任を取ると表明することである。

　責任者の承認印がないということは、①責任者が部下の業務の管理監督業務（日常的モニタリング）を遂行していないこと及び②部下が社内規程に違反していることを意味する。

承認は事前に取得するべきものであり、事後承認は、①部下の違反行為の追認となるだけでなく、②責任者の任務懈怠（怠慢）の隠蔽となるので、事後承認は死語としなければならない。このことを社内で周知徹底しないと、内部統制が無効となる。

(3) 内部監査の実効を上げられない主因

従来の一般的内部監査を実施しても実効を上げられない原因として、以下の6つがある。

[1] 内部監査の目的を理解していない

内部監査の目的を理解していないので、何をどのようにすればよいかがわからない。

[2] 限られた時間を有効に使っていない

監査実施手順書（audit program）を使っていないから（合理的な実地監査の段取を組んでいないから）、時間を有効に使えず、尻切れトンボで終わる。

[3] 監査先に特有のリスクを探索しない

監査先に特有のリスクを探索しないので、その経営に痛手を与える重大なリスクの現実化を予防する監査意見を提供できない。

[4] 枝葉末節しか見ない

得意なところ、興味のあるところ、容易なところ、枝葉末節を調査する。重要でないところばかりほじくるので、重要なリスクの存在を見落し、重箱の隅を突っつくと揶揄される。

経営者の代理人である内部監査人が調査をすべきところ即ち経営に貢献する内部監査で調査すべきところはその対極にある。

[5] 一般的な事項しか点検しない

チェック・リストに記載された事項、回収遅延の有無、滞留在庫の有無、承認印の有無、重要書類の保管状況程度しか点検しないので、監査先の経営管理に役立つ監査意見を形成できない。

第4章　現代の実践的内部監査

[6]　監査意見を簡潔明瞭に伝達できない

　助詞の遣い方（て、に、を、は）及び言葉遣い等の文章能力に難が
あり何が主語で何が目的語かが判然としないため、能動態と受動態が
混在するため、意図した事項を簡潔明瞭に伝達できない。このために、
監査意見を受け入れて貰えず（無視され）、内部監査の実効を上げる
ことができない。

8　内部監査と検査の併用

　総ての組織及び業務について本格的内部監査を実施する必要はない。
　重大な事業リスクを伴なわない社内組織（銀行、保険会社、証券会社
等の支店）及び店舗販売を基本とする会社等（量販店、小売店、ガス・
ステーション、販売所、飲食店等）の場合は内部検査で十分である。
　例えば、居酒屋チェーンの場合は、検査と内部監査を次のように使い
分けるのがよい。

店舗については検査

　店舗では、食中毒をもたらす衛生管理上の不備はないか、災害発生時に
火事及び死傷者を出す惧れはないか、現金を内部者及び外部者に奪われる
惧れはないか、というリスク管理の状況を点検すれば十分である。

本部については内部監査

　本部で視るべきリスクは、次のように多種多様であるから、複合的かつ
時系列的に検証をする必要がある。

・料理を採算に合う価格及び数量面で安定的に提供できるか
・その食材を価格及び数量面で安定的に調達できるか
・その食材を価格及び数量面で安定的に外注加工できるか
・調達先、外注先、下請等の衛生管理に不備はないか
・店舗とその提供飲食物が他店との競合能力を備えているか

Ⅱ 内部監査の基本用語

1 監査目的

　監査目的とは、内部監査組織が、監査の実施によって、実現しようとする事柄であり、監査行為として目指すところ（抽象的な事柄）である。
　内部監査の目的は、会社の事業目的の実現を阻害する要因を発見及びその抜本的解消の支援により、会社の事業目的の実現を支援することである。

2 監査目標

　監査目標とは、監査人が、担当する個別監査を実施して、自らの指摘及び提言をもって実現に導こうとする事柄（監査先に潜在している異常な事態の抜本的解消＝監査先の病気の予防又は加療及び再発防止の具体的な事柄）である。

3 監査対象

　監査対象とは、監査人が、個別監査において、適切な監査目標を達成するために選定する、監査の対象物（組織図、権限付与書、伺書、報告書、事業計画、予算、実績、契約書、財務諸表、会計記録等）である。
　学問上の呼称は、監査をする側が監査主体（auditor）であり、監査を受ける側は監査客体（audited）である（監査対象ではない）。
　監査対象とは、監査先（監査客体）の組織の中にある稟議書、報告書、契約書、帳簿、証憑等の監査の対象物を言う。

4 監査要点

　監査要点とは、監査先に最適の監査意見を形成する基となる異常な事態の効率的把握に有効な、実地監査における重点的検証事項であり、予備調査で感知した懸念事項及び疑問を仮説として設定する。

＊会社の経営理念と監査先の経営方針の整合性

＊経営方針と経営戦略の整合性

＊経営戦略と経営計画の整合性

＊経営計画と重点施策の整合性

＊重点施策と遂行業務の整合性

＊業務遂行の法令、規則、社内規程、基準、手続等への適合性

＊遂行業務の適切性

＊事業の健全性

　・販売代金及び貸金の回収状況

　・棚卸資産の回転状況

　・固定資産の稼働状況

　　大多数の会社にとって重要な監査要点は、この3点である。市場調査がどうの、デザインがどうのは枝葉末節の問題であり、それよりも、税金と維持費の掛かる無駄な遊休固定資産はないか、製品や商品を残さずに販売しているか、売掛金や貸金を漏らさずに回収しているか、重要なリスクが現実化する懸念がないかを検証するのが重要である。

＊事業の成長性、継続能力

＊全般的内部統制の有効性

＊子会社等に対するコーポレート・ガバナンスの有効性

＊子会社等に対するリスク・マネー（売掛金、投資、融資、保証）に係るリスク・マネジメントの有効性

＊子会社の全般的内部統制（特に、リスク・マネジメント）の有効性

＊親会社と子会社等の経営方針の整合性

＊親会社に対する報告の適時性、正確性、十分性等

5　監査項目

監査項目とは、監査要点を立証するため又は組織、業務、内部統制の体制及び態勢について評価及び確認するために検証する、監査対象項目である。

＊監査先の経営方針及び経営戦略

＊監査先の経営計画及び年度予算

＊監査先の稟議案件及び重要な契約

＊監査先のミッション及び重点施策

＊監査先の遂行業務及び計画業務

＊監査先の組織、権限、手続

＊監査先及び管理部署の内部統制の体制／態勢

＊監査先の子会社等の管理の体制／態勢

＊監査先である子会社等の取締役会及び監査役の体制／態勢

＊監査先の資産（有形及び無形）

＊監査先の情報及びデータ

＊監査先の情報システム

＊会社の組織、規則、制度等

6　監査範囲

監査範囲とは、監査人が、個別監査の実施に際して監査目標を達成するために選定する、監査対象範囲（監査先の業務の括り）である。

監査項目は、これらについて評価及び確認するためのものである。

＊総務、人事、財務、経理、情報システム等の非営業部署の業務

＊契約、購買、委託生産、在庫、販売等の営業部署の業務

＊信用（限度及び債権）、在庫、見越、投資、融資、保証等の管理業務

＊子会社等（特に、事業投資先）の管理業務

7　監査意見

監査意見とは、監査人が、適切な監査手続を実施して入手した監査証拠に基づいて述べる、監査先に存在する異常な事態を抜本的解消するのに有効な意見であり、指摘事項の外に異常な事態は発見されなかったという、合理的保証を監査先及び経営者に提供する内部監査人の信念である。

8　監査証拠

監査証拠とは、監査人が、監査要点を立証するために、監査技術及び監査手続を適用して収集した必要かつ十分な証拠としての資料及び証言であり、監査人が監査意見を表明するために必要不可欠なものである。

9　予備調査

予備調査とは、実地監査を有効にかつ効率的に実施するための事前準備として、監査先及び関係部署等から入手した資料の閲覧、数値の分析、突合、比較等によって行なう机上調査又は書面調査である。

10　監査実施手順書

監査実施手順書とは、予備調査の結果を踏まえて作成する実地監査の段取（詳細な時間割）であり、実地監査における検証業務（検証事項、検証目標、検証対象、検証のために適用する監査技術、その具体的な手順）並びに実施する監査手続の日程及び時間割等の段取を詳細に記載して作成する。

11 監査予備調書

　監査予備調書とは、予備調査を実施して把握した監査先の組織及び業務の概要、設定した監査目標及び監査要点、監査要点として設定した理由、監査範囲及び監査項目、往査場所及び日程等の予備調査の結果並びに監査費用を記載した文書でありかつ実地監査の実施を内部監査組織の責任者に伺い出る文書である。

12 本格監査

　本格監査とは、予備調査に相対する用語であり、実地監査から監査調書の完成に至る監査要点の検証、監査証拠の収集、監査意見の形成、監査証拠の証拠力及び監査意見の合理性の検討等の、一連の監査行為を意味する。

13 実地監査

　実地監査（又は現場監査）とは、机上監査又は書面監査に相対する用語であり、監査人が監査先に赴いて実地（現場）で実施する監査を意味する。
　往査とも言う。実査は、実地監査ではなく、実物検査の略称である。

14 監査調書

　監査調書とは、監査先の組織及び業務等の概要、設定した監査目標、監査要点、監査範囲、往査場所及び日程、実施した監査手続及びその結果、監査意見及び監査証拠等の監査結果を詳細に記載した文書である。
　監査調書及びその監査証拠は、付与された任務を監査人が適切に遂行したことを証明するために必要不可欠の重要書類である。

＊監査調書とは、監査人が受託職務を適切に遂行したことの承認を得る
ために、監査組織の責任者に提出する報告書である。
＊監査証拠とは、監査調書の記載内容の真実性を証明するために必要な
証拠資料である。

15　監査結果通知書

監査結果通知書とは、監査先の責任者に対して、実施した監査の概要及び
監査意見等の、監査結果を通知する文書である。

16　監査報告書

監査報告書とは、監査の実施の都度その結果を要約して最高経営執行者に
提出する、監査結果の概要報告書である。

17　回答書

回答書とは、監査先責任者が監査組織の責任者に宛てて提出する指摘及び
提言に対する措置を記載した文書であり、その記載内容が、監査の完了又は
継続を決定する基となる。

18　フォロー・アップ

フォロー・アップとは、監査の実効を確保するために、上記回答書に記載
された施策の実現予定時期に（回答書受領日から一定期間経過した時点で）
監査先及び関係先から証拠資料を取り付け、監査先が回答書記載事項を実施
又は完了しているかどうかを検証する監査業務である。
個別内部監査は、この確認によって、完結する。

III 内部監査の関連用語

1 監査リスク・ベースの監査

　監査リスク・ベースの監査は、1980年代に、米国の公認会計士により、精査から試査に移行した財務諸表監査において**監査リスク**（重要な誤謬及び虚偽表示を発見できないリスク）を低い水準に抑えることを目的に、分析的手続とともに開発された監査手法であり、米国では**監査リスク・ベースの監査**と呼ばれていたのに、日本では**リスク・アプローチの監査**として紹介された。

　このために、潜在リスク（＝固有リスク）にアプローチするリスク・マネジメントの手法と混同して「リスクの高い監査先を短いサイクルで監査するのがリスク・アプローチの監査である」とする、誤った解説が見られる。

　最近では**リスク・ベースの監査**という用語も使用されてきているが、固有リスクに着目する監査であるからリスク・アプローチの監査と何ら変わりがなく、監査リスクを合理的に低い水準に抑制することを目的とする**監査リスク・ベースの監査**とは全く異なるものである。

(1) 監査リスク・ベースの監査の論理

　監査リスク・ベースの監査の論理は、以下の通りである。
① 監査リスクを低い水準に抑えるためには、発見リスクを低い水準に抑えなければならない。
② 発見リスクを低い水準に抑えるためには、統制リスクを低い水準に抑えなければならない。

③　統制リスクを低い水準に抑えるためには、強力な内部統制が必要であるが、これは監査人にとって所与（操作不可能）のものである。

④　固有リスクが低ければ内部統制が弱くても統制リスクを低い水準に抑えることができるが、これも監査人にとって所与のものである。

⑤　監査リスクを低い水準に抑えるために重点的（濃密）に検証すべき領域は、統制リスクが高い領域である。

⑥　統制リスクが高い領域を重点的に検証し、統制リスクが低い領域を簡略的（淡白）に検証する。

⑦　監査人は、担当する個別監査において、監査リスクを合理的に低い水準に抑えるために、以上の論理に基づいて監査資源（監査人、時間、情報、費用等）を有効に配分し、効果的・効率的に実施する。

　リスク・マネジメントの分野では、潜在リスク–リスク・コントロール＝残余（残存）リスクという公式で表わし、リスク・アプローチとは、潜在リスクへの対処（潜在リスクに対するコントロール）を意味する。
　監査の分野では、同一のものを、固有リスク－内部統制＝統制リスク（＝内部統制が有効でないために残る固有リスク）という公式で表わし、統制リスクの高いものを優先的かつ重点的に監査する。

(2)　それ以前の監査と監査リスク・ベースの監査の違い

　それ以前の米国における財務諸表監査の手法は、画一的なサンプル・テストを主体とするものであった。

　日本における財務諸表監査の手法も、総ての拠点を廻り、総ての監査対象及び監査項目等を網羅的・画一的に点検するものであり、異常点の発見は、監査人の経験及び勘に依存するものであった。

　このような、重要な虚偽表示が含まれている可能性の高い部分と低い部分を画一的に点検する手法は、重要な虚偽表示を看過して誤った監査意見を表明する監査リスクが高まる。

これが1980年代に米国で現実化したため、多数の会計事務所が莫大な損害賠償請求訴訟に襲われ、監査業界は危機的状況に陥った。

　この反省から考案されたものが監査リスク・ベースの財務諸表監査の手法であり、重要な誤謬及び虚偽表示を看過する監査リスクを合理的に低い水準に（許容可能な一定水準以下に）抑制することを目的に、固有リスクと統制リスクを評価して、会社の内部統制の網の目をすり抜ける虚偽表示がどの部分にどの程度あるかを推定し、それらの効率的発見に有効な監査手続を実施しようとするものである。

　内部監査における監査リスクは、財務諸表監査における虚偽の表示に相当する、異常な事態を看過するリスクである。

(3)　リスク・マネジメントの概念

　リスク・アプローチ（risk approach）のリスク・マネジメントと監査リスク・ベースの監査の概念と対象は、以下の通り、大きく異なる。

[1]　リスク・マネジメントの分野の用語とその意味

　リスク・アプローチの概念を理解するためには、先ず以下の恒等式の用語と意味を理解しなければならない。

　潜在リスク － リスク・コントロール ＝ 残余リスク

　inherent risk（IR）－risk control（RC）＝ residual risk（RR）

　(1)　inherent risk（IR、潜在リスク）

　これは、制度、組織、業務等に内在しているリスクを意味する。

　(2)　risk control（RC、リスク・コントロール）

　これは、潜在リスクに対するコントロール（制御）を意味する。

　(3)　residual risk（RR、残余リスク、残存リスク）

　これは、コントロールをすり抜けて残る潜在リスクを意味する。

[2]　内部統制及び監査の分野の基本的用語とその意味

　固有リスク － 内部統制 ＝ 統制リスク

　inherent risk（IR）－ internal control（IC）＝ control risk（CR）

149

リスク・コントロールは、トップ・ダウンで実施する。

トップ・ダウンとは、複数の潜在リスクがある場合、そのリスクの高いものを優先してリスク・コントロールを施すという意味であり、経営者の指示に基づいてという意味ではない。

内部統制基準も、財務報告に係る重要な虚偽記載に繋がるリスクに着眼するトップ・ダウン型のリスク・アプローチを採用している。

(1) inherent risk（IR、固有リスク）

これは、制度、組織、業務等に内在しているリスクを意味する。

外部監査の場合は、虚偽の表示を意味する。

内部監査の場合は、異常な事態を意味する。

(2) internal control（IC、インターナル・コントロール）

これは、固有リスクに対するコントロール（制御）を意味する。

(3) control risk（CR、統制リスク）

これは、コントロールをすり抜けて残る固有リスクを意味する。

外部監査の場合は、内部統制で予防、発見、是正できない虚偽の表示を意味する。

内部監査の場合は、内部統制で予防、発見、是正できない異常な事態を意味する。

潜在リスクと固有リスクは、和訳が異なるが、同一の概念である。

残余リスクと統制リスクは、原語及び和訳が異なるが、同一の概念である。

リスク・マネジメントの分野と監査の分野では原語及び和訳が潜在リスク及び固有リスクと異なるが、リスク・コントロールもインターナル・コントロールも、事業に潜在しているリスクのコントロールという意味であるから、リスク・マネジメントとして視るか内部統制として視るかの視点の違いはあるが、同一の概念である。

[3] 監査の分野の追加的用語とその意味

監査の分野では、更に、以下の用語が加わる。

⑴　audit（A、監査）

これは、監査を意味する。

外部監査の場合は、EA（external audit）又は FA（financial statement audit：財務諸表監査）と表記する。

内部監査の場合は、IA（internal auditing）と表記する。

⑵　detection risk（DR、発見リスク、摘発リスク）

これは、監査で固有リスクを発見できないリスクを意味する。

外部監査の場合は、監査人が看過する虚偽の表示を意味する。

内部監査の場合は、監査人が看過する異常な事態を意味する。

⑶　audit risk（AR、監査リスク）

これは、固有リスクをコントロールできないリスクを意味する。

外部監査の場合は、監査人が虚偽の表示を看過したことに気付かずに、適正意見を表明することを意味する。

内部監査の場合は、監査人が異常な事態を看過したことに気付かずに、指摘及び提言しないことを意味する。

統制リスク － 監査 ＝ 発見リスク ⇒ 監査リスク

control risk(CR)－audit(A)＝detection risk(DR)⇒audit risk (AR)

(4)　リスク・マネジメントの概念と監査の概念の違い

リスク・マネジメントの分野と監査の分野での概念の違いは、以下の通りである。

[1]　リスク・マネジメントの分野の概念

IR － RC ＝ RR

事業等に重大な影響を及ぼす可能性の高い潜在リスク（IR）に対し、十分なリスク・コントロール（RC）を施して、コントロールの効かない残余リスク（RR）を低く抑えて、リスクの現実化と影響を低く抑える。

[2]　外部監査の分野の概念

IR － IC ＝ CR　　CR － EA ＝ DR ⇒ AR

151

重要な虚偽の表示を見過ごして誤った監査意見を形成する監査リスク（AR）を低く抑えるために重要な虚偽の表示が含まれている可能性の高い統制リスク（CR）に有効な監査手続を十分に実施することにより、発見リスク（DR）を低く抑える。

[3]　内部監査の分野の概念

$$IR - IC = CR \quad CR - IA = DR \Rightarrow AR$$

　金銭的及び名声的損害をもたらすリスクをはらんでいる異常な事態を見過ごして監査意見の表明ができない監査リスク（AR）を低く抑えるために、異常な事態が含まれている可能性の高い統制リスク（CR）を重点的に検証することにより、発見リスク（DR）を低く抑える。

(5)　リスク・マネジメントと監査の目的の違い

　リスク・マネジメントの分野と監査の分野での目的の違いは、以下の通りである。

[1]　リスク・マネジメントの分野の目的と対象

$$IR - RC = RR$$

　計画の未達及び多額損失の発生等の重大な影響を及ぼす蓋然性の高いビジネス・リスクの現実化と影響度の抑制を目的に潜在リスク（IR）にアプローチする（リスク対応に取り組む）。

　内部統制の整備においても「リスク・アプローチ」という用語が使用されているが、その場合の「アプローチ」も、リスク・マネジメントの分野と同様の意味で使用されている。

[2]　監査の分野の目的と対象

$$IR - IC = CR \quad CR - A = DR \Rightarrow AR$$

　監査リスクの抑制に不可欠の発見リスクの抑制を目的に、予備調査において重要な統制リスク（CR＝コントロールが有効でないため残っているIR）にアプローチして、重要と認めたものを監査要点として設定し、実地監査において重点的に検証する。

(6) リスク・マネジメントと監査の違いの総括

リスク・マネジメントの分野と監査の分野で使用されているリスク・アプローチの違いについて要約すると、以下の通りである。

① リスク・マネジメントにおいては、重大な事業リスクをしっかりとコントロールしてその現実化により多額の損失が発生する蓋然性及び発生した場合の損害を低い水準に抑制するために、当該事業リスク＝潜在リスク（IR）にアプローチする。

リスク・マネジメント及び内部統制の場合は、事業リスクの現実化を抑制するために、重要な潜在リスク（固有リスク）にアプローチする。

② 監査においては、内部統制が効かない重要な統制リスクを重点的に検証して発見リスクを低い水準に抑制することにより、監査リスクを低い水準に抑制するために、統制リスク（CR）にアプローチする。

(7) 内部監査における監査リスクの発生原因

監査リスクは、監査組織責任者等による監査計画の不適切な作成及び監査人による個別監査の不適切な実施の両方によって発生する。

[1] 監査戦略上の誤り

監査戦略上の誤りとは、監査組織責任者等による、監査計画作成上の誤りであり、以下に起因する。

＊難易度及び監査リスクが高い監査を実施する場合の、実務経験が浅く監査技能の劣る監査人等の任命

＊時間的に無理がある監査期間の設定

＊不適当な監査実施時期の設定

＊不適当又は不十分な指導

＊不十分な関連情報の収集

[2] 監査手続上の誤り

監査手続上の誤りとは、監査人による、個別監査実施上の誤りであり、以下に起因する。

＊不十分な予備調査の実施

＊検証における誤謬、手抜、怠慢、思込、勘違い

＊不十分な監査証拠の収集

＊不合理な監査意見の形成

(8) 監査リスク・ベースの内部監査の基本

　実効のある内部監査を実施するためには、監査先の業務目標の達成、事業の継続、当該組織の存続等を阻害する重要な固有リスクを効率的に発見する監査リスク・ベースの内部監査を実施しなければならない。

① 　組織責任者は、監査計画の作成において、難易度及び監査リスクの高い個別監査を熟練の監査人に割り当てる。

② 　監査人は、個別監査の実施において、統制リスク（⇒発見リスク⇒監査リスク）の高い領域及び事項を重点的に検証する。

(9) 監査リスク・ベースの内部監査計画の作成

　監査組織責任者は、以下の要領で、内部監査計画を作成する。

① 　総ての監査先組織の、重要度、固有リスク、業容等を勘案して個別監査の難易度の順位付けを行ない、熟練の監査人に難易度の高い個別監査及び監査リスクの高い個別監査を割り当てる。

　　[1] 　組織の重要度

　　　総資産額、経常損益額、累積損益額、社内情報を基に把握する。

　　[2] 　組織の固有リスク

　　　与信額、投資額、融資額、保証額、事業の概要を基に把握する。

　　[3] 　組織の業容

　　　見越極度額、在庫金額、事業投資先数を基に把握する。

　　　見越極度額とは、買契約又は売契約だけの、片建取引の限度額を言う。

　　[4] 　監査の難易度

　　　組織の重要度、統制リスク、業容等を勘案して把握する。

② 自社の組織及びその監督下にある支社、支店、子会社等について、同一年度中に統合的監査を実施する。

③ 統合的監査においては、監査実施責任者を同一の監査人に固定し、監査の有効性及び効率性を高める。

(10) 監査リスク・ベースの個別内部監査の実施

監査人は、以下の要領で、個別監査を実施する。

① 予備調査において、関連書類の閲覧及び数値の点検、分析、突合、比較等によって、固有リスク、内部統制、統制リスクを評価し、発見リスク（監査で異常な事態を看過するリスク）の水準を推定する。

② その結果ハイ・リスクと判断した統制リスク（監査対象）について監査要点を設定し（疑問及び懸念を仮説に纏めて）、実地監査で実施すべき監査手続及び監査範囲等を決定する。

③ 実地監査において、監査要点の当否を重点的に検証し、監査証拠を入手する。

④ 監査証拠の証拠力の十分性、監査意見の合理性及び客観性について検証し、監査リスクを低い水準に抑える。

⑤ 監査人だけでなく、監査組織責任者等にも吟味して貰う。

2　監査マニュアルと使用上の留意事項

(1)　監査目標を明確に定めて見失わないこと

監査マニュアルに記載された事項を、記載された手順通りに行なっていると、単なる手順書に過ぎない監査マニュアルに振り回され、文書を作成するだけの形式的作業となる。

何のために、何をするべきか、現在何をしているのか、これでよいのか、もっとよい方法はないか、次に何をするべきかを常に認識し、進むべき方向（監査目標）を見失わないよう、留意しなければならない。

(2)　監査目標と監査要点が監査先毎に異なること

　症状が類似していても病気の種類及び原因等が患者毎に異なることを理解せず、監査マニュアルに頼っていると、病巣の看過及び誤診という監査リスクが高くなる。

　監査人は、監査マニュアルに頼るのでなく、内部監査の基本を身に付け、理に適った監査実務を、臨機応変に遂行しなければならない。

---

column6　工場内部監査制度ノ参考（陸軍省経理局監査課）

　陸軍の軍需品工場への外部監査（会計監督）に対応する内部監査制度を促進するために陸軍省が作成した1942年 4 月15日付『**工場内部監査制度ノ参考**』で示された内部監査の目的と種類は、以下の通りである。

　内部監査トハ經營内部ノ一定の責任者ニヨリテ施行セラルル自己監査ヲ謂フ。工場ニ於ケル内部監査制度ハ當時自己監査ノ方法ニ依リ会計上ノ不正錯誤ヲ豫防シ經營ノ組織、業績ニ對スル自己批判ヲ遂行シ以テ經營ノ改善ニ資スルト共ニ外部監査ニ協力スルヲ目的トス

　内部監査ハ監査ノ對象及手續ニ依リ之ヲ左ノ如ク分カツ

　　1　組織監査：労務監査、人事監査、制度監査

　　2　能率監査：財務能率監査、経営能率監査、原価能率監査

　　3　經理監査：財務監査、原価監査

　組織監査ハ經營目的ニ對スル經營組織ノ適否ヲ、能率監査ハ經營数字資料ノ分析ニ依リ經營の經濟性ヲ、經理監査ハ會計記録ノ成否ヲ監査スルモノニシテ三者ハ相互ニ有機的關聯ヲ有シ相俟シテ内部監査制度ヲ構成スルモノトス

# 監査技術と監査手続

　異常性の感知、監査要点の検証、監査証拠の入手に有効かつ不可欠のものが監査技術及び監査手続である。

　監査人が監査証拠の適切な（効果的・効率的・経済的）入手のために適用する個別の技術的監査手段又は用具を**監査技術**と言い、個々の監査技術を複数組み合わせた検証の方法又は行為を**監査手続**と言う。但し、監査の実務及び行為を総称して監査手続と言う場合もあるので、何れを意味しているかは、その前後関係から判別する必要がある。

1　一般監査技術

　一般監査技術とは、会計帳簿における取引記帳の全般について、その正確性及び妥当性等を確かめる手段であり、以下のものがある。

(1)　証憑突合（しょうひょうつきあわせ）（checking of vouchers）

　証憑突合とは、領収書及び請求書等の証憑書類の適法性、信憑性、正当性を検査し、吟味し、証憑と関係帳簿記録を突き合わせ、個々の帳簿記録の正確性を確かめる監査技術である。

(2)　帳簿突合（ちょうぼつきあわせ）（checking of accounting records）

　帳簿突合とは、証憑突合によって正確性が確かめられた証憑書類が会計基準に準拠して関係帳簿に正確に記入、転記、振替されているかどうかを確かめる監査技術である。

(3) 勘定突合（かんじょうつきあわせ）（checking of accounts）

　勘定突合とは、相互に関連する関係帳簿の勘定を照合して当該勘定相互間の記録の正確性を確かめる監査技術である。

(4) 閲覧（えつらん）（careful reading）

　閲覧とは、監査先の定款、株主総会、取締役会、経営委員会の議事録、監査役及び監査法人の監査報告書、社長及び経営幹部の引継書、稟議書、決裁書、証憑書類、会計帳簿、税務申告書、社内規程、基準、マニュアル等の記録を批判的にレビュー（査閲）し、監査先の現況、方針、重要施策、決議、規程等の内容を把握し、それらの正確性及び妥当性、事実との整合性、手続の準拠性を個別又は総合的に検討し、評価する監査技術である。

　上掲文書は例示であり、閲覧対象はその重要性を検討して選定する。

(5) 通査（つうさ）／**走査**（そうさ）（scanning）

　通査とは、勘定記録及び仕訳帳等の一連の会計記録を通覧して、異常項目、例外項目、疑問項目等を探索する監査技術である。

2　個別監査技術

　個別監査技術とは、個々の重要勘定の正確性及び妥当性等を確かめる一般監査技術の補完的手段であり、以下のものがある。

(1) 実査（じっさ）（physical examination）

　実査とは、実物検査の略であり、手元現金、預金、小切手、手形、有価証券、商品等の資産の期末残高の実在性、金額及び数量の妥当性、品質、物理的性質、状態等を監査人が実地で実物を確かめる監査技術である。「実地監査」を「実査」と略称するのは間違いである。

(2) 勘定分析（かんじょうぶんせき）（account analysis）

　勘定分析とは、勘定先の貸借対照表及び損益計算書等の特定の勘定科目の内容を構成要素別に分解し、分類、整理、分析によって勘定の構成内容を明確にして、勘定記入及び勘定残高の正確性及び妥当性を確かめる監査技術である。

(3) 比較（ひかく）（comparison）

　比較とは、2つ以上の書類、帳簿、記録、数値等を対比して観察し、差異を分析し、そこに見出す傾向性、類似性、不規則性を基に一定の方向、傾向、趨勢、異常点等を把握する監査技術である。

(4) 趨勢分析（すうせいぶんせき）（trend analysis、tendency analysis）

　趨勢分析とは、財務諸表項目毎の数値について、個々に又は一定のグループ毎に一定期間の比較を行なう変動分析手法である。

　一定期間の趨勢（傾向）の把握においては、実数による比較だけでなく、比率による比較を併用することにより、効力が高まる。

[1] 実数分析（じっすうぶんせき）（real number analysis）

　実数分析とは、財務諸表分析の1つであり、分析過程で比率を使用せず、財務諸表の実数をそのまま使用する分析手法である。

[2] 比率分析（ひりつぶんせき）（ratio analysis）

　比率分析とは、実数分析と対比される財務諸表分析の1つであり、財務諸表上の実数を相対的な比率におき直した分析手法である。

(5) 年齢調べ（ねんれいしらべ）（aging）

　年齢調べとは、英語のagingの和訳であり、例えば、売掛金残高に対して滞留債権の有無を調査して、売掛金の内容、売掛金の実在性、売掛金の回収の可能性、設定した貸倒引当金額の妥当性等を確かめる監査技術である。

第4章　現代の実践的内部監査

159

(6) 確認（かくにん）（confirmation）

確認とは、監査先の預金、受取手形、売掛金、支払手形、買掛金、棚卸資産等について、監査人が監査先の預貯金先、取引先、保管先、弁護士等の第三者に文書で問い合わせ、文書による回答を得ることにより、金額、数量、種類等の正否を確かめる監査技術である。

(7) 面談（めんだん）、インタビュー（interview）

面談とは、面談相手に質問をして回答を貰い、回答内容を立証する監査証拠を入手して事実であることを確認する一連の行為である。

面談＝質問＋証拠の入手⇒事実の確認

監査先の責任者及び所属員との面談は、内部監査特有の補助的監査技術であるが、面談相手の反応を観察しながら進められるので、事実確認をする上で効果的である。

「ヒアリング」と「質問」は、相手方の説明を聴取するだけであり、その裏付をとらないため、監査技術とは言えない。

(8) 監査先への事前アンケート

監査先への事前アンケートとは、遠隔地の監査先から、主要業務の概要、専門用語の概念、予実差異の発生理由、差異解消のための施策等の情報を得るために、予備調査の段階で、質問事項を記載した文書及び書式を監査先とメールで送受信して監査証拠を直接に入手する監査手続である。

(9) 監査先の利用者へのアンケート

監査先の利用者への事前アンケートとは、社内サービス提供部署である監査先の業務に対する利用者の評価及び要望を把握するために、予備調査の段階で、質問事項を記載した文書を監査先の利用者に送付して回答を求める監査手続である。

第 5 章

取締役等の業務並びに内部統制及び内部監査

　取締役（及び執行役、以下、同じ）は、定款に定める又は取締役の過半数をもって決定する株式会社の業務を執行する。

　取締役は、法律及び判例によって善管注意義務、忠実義務、監視義務を負っており、その一内容として、内部統制の整備及び運用の義務を負っているので、これらの義務を適切に遂行するためには、有効な内部監査の体制及び態勢を整備して、活用するのが賢明である。

　内部統制は、企業文化であり、経営者が整備、運用、評価、評価結果の検討に取り組まなければ根付かない。

　内部監査は、この取組に有用な情報を提供するものでなければならない。

取締役等の選解任と義務

1 民法の規定

第644条 受任者は、委任の本旨に従い、善良な管理者の注意をもって、委任事務を処理する義務を負う。

「善良な管理者としての注意義務（＝善管注意義務）」とは、受任者の職業、専門家としての能力、社会的地位等から考えて常識的に払うべき注意義務である。

「委任事務」とは、「デスク・ワーク」ではなく、「委任された業務＝受託した職務」を意味する。

第645条 受任者は、委任者の請求があるときは、いつでも委任事務の処理の状況を報告し、委任が終了した後は、遅滞なくその経過及び結果を報告しなければならない。

受任者である取締役は、株主総会における事業報告の承認をもって、説明義務を解除される。

2 会社法の規定

第329条 役員（取締役、会計参与及び監査役をいう。以下省略）及び会計監査人は、株主総会の決議によって選任する。
2　監査等委員会設置会社においては、前項の規定による取締役の選任は、監査等委員である取締役とそれ以外の取締役とを区別してしなければならない。（以下省略）

第330条　株式会社と役員及び会計監査人との関係は、委任に関する規定に従う。

　株式会社と取締役、会計参与、監査役、会計監査人は、受委託関係にある。第402条第3項の規定により、執行役も同じである。

第339条　役員及び会計監査人は、いつでも、株主総会の決議によって解任することができる。

第348条　取締役は、定款に別段の定めがある場合を除き、株式会社の業務を執行する。

2　取締役が2人以上ある場合には、株式会社の業務は、定款に別段の定めがある場合を除き、取締役の過半数をもって決定する。

3　前項の場合には、取締役は、次に掲げる事項についての決定を各取締役に委任することができない。

　一　支配人の選任及び解任

　二　支店の設置、移転及び廃止

　三　第298条第1項各号（第325条において準用する場合を含む。）に掲げる事項

　四　取締役の職務の執行が法令及び定款に適合することを確保するための体制その他株式会社の業務の適正を確保するために必要なものとして法務省令で定める体制の整備

　五　第426条第1項の規定による定款の定めに基づく第423条第1項の責任の免除

4　大会社においては、取締役は、前項第4号に掲げる事項を決定しなければならない。

　第1項の株式会社の業務は、定款に定められた株式会社の経営活動に関係する業務（取締役の業務）を意味している。

　第3項及び第4項は、全員による決定の必要性を規定している。

第3項第4号が、内部統制体制の整備についての規定である。

第355条　取締役は、法令及び定款並びに株主総会の決議を　遵守し、株式会社のため忠実にその職務を行わなければならない。

第419条第2項の規程により、執行役も同じである。

忠実義務については、判例と学説の対立がある。

＊1970年6月24日の最高裁判決では、「忠実義務は注意義務を注意的に定めたもので、2つの義務は違う内容のものではない」としている。

＊学説は、「注意義務は取締役が業務執行を行う際に果たすべき義務であり、忠実義務は取締役と会社との利益衝突のある場合に自己の利益を会社の利益よりも上位においてはならない義務であるから、両者は別の義務である」としている。

第356条　取締役は、次に掲げる場合には、株主総会において、当該取引につき重要な事実を開示し、その承認を受けなければならない。

一　取締役が自己又は第三者のために株式会社の事業の部類に属する取引をしようとするとき。

二　取締役が自己又は第三者のために株式会社と取引をしようとするとき。

三　株式会社が取締役の債務を保証することその他取締役以外の者との間において株式会社と当該取締役との利益が相反する取引をしようとするとき。（以下省略）

第1項第1号は、「競業取引（会社の事業の部類に属する取引）」に関する規定であり、株主総会の承認又は、第365条の規定により、取締役会の承認を必要とする。

第1項第2号及び第3号は、「利益相反取引」に関する規定であり、取締役会設置会社においては、取締役会の承認を必要とする。

利益相反取引には、第2号の自己（取締役）のためにする直接取引と第3号の第三者のためにする間接取引という2つの類型がある。

164

第357条 取締役は、株式会社に著しい損害を及ぼすおそれのある事実があることを発見したときは、直ちに、当該事実を株主（監査役設置会社にあっては、監査役）に報告しなければならない。

2 監査役会設置会社における前項の規定の適用については、同項中「株主（監査役設置会社にあっては、監査役）」とあるのは、「監査役会」とする。

3 監査等委員会設置会社における第1項の規定の適用については、同項中「株主（監査役設置会社にあっては、監査役）」とあるのは、「監査等委員会」とする。

取締役は、他の取締役が会社に著しい損害を及ぼす懸念がある事実を発見したときは、株主、監査役、監査役会、監査等委員会に報告しなければならない。

第361条 取締役の報酬、賞与その他の職務執行の対価として株式会社から受ける財産上の利益についての次に掲げる事項は、定款に当該事項を定めていないときは、株主総会の決議によって定める。（以下省略）

取締役の報酬は、定款による定め又は株主総会の決議で決定される。

第362条 取締役会は、すべての取締役で組織する。

2 取締役会は、次に掲げる<u>職務</u>を行う。

一 取締役会設置会社の業務執行の決定

二 取締役の職務の執行の監督

三 代表取締役の選定及び解職

3 取締役会は、取締役の中から代表取締役を選定しなければならない。

4 取締役会は、次に掲げる事項その他の重要な業務執行の決定を取締役に委任することができない。

一 重要な財産の処分及び譲受け

二 多額の借財

三 支配人その他の重要な使用人の選任及び解任

四　支店その他の重要な組織の設置、変更及び廃止

五　第676条第１号に掲げる事項その他の社債を引き受ける者の募集に関する重要な事項として法務省令で定める事項

六　取締役の職務の執行が法令及び定款に適合することを確保するための体制その他株式会社の業務の適正を確保するために必要なものとして法務省令で定める体制の整備

七　第426条第１項の規定による定款の定めに基づく第423条第１項の責任の免除

5　大会社である取締役会設置会社においては、取締役会は、前項の第６号に掲げる事項を決定しなければならない。

　第２項第２号の職務は、定款に定めた業務の他に会議の招集、討議、決議、新株の発行、社債の募集、合併、会社を代表する訴訟行為等々を含む取締役会の総ての行為（取締役会の職務）を意味している。

　第４項は、代表取締役等、１人の取締役に任せてはならない、全員による決定が必要であるという規定である。

　第４項第６号が、内部統制体制の整備についての規定である。

　第５項は、取締役会決議を要することを規定している。

　第２項第２号の「監督」は、他の取締役の行為が、守るべき義務に違反していないか、目的達成のために適当か否かを監視して必要な指示及び命令等を出すことを意味する。

　監査役の場合は、第381条で「監査役は、取締役の職務の執行を監査する」と規定されている。監査役による「監査」は、取締役の行為が、守るべき義務に違反していないか、目的達成のために適当か否かを監視して必要な助言及び警告等を出すことを意味する。

　要するに、取締役は、他の取締役に対して、必要な指示及び命令等を出す「監督」を行なうが、監査役は、取締役に対して、必要な助言及び警告等を出す「監査」を行なうだけであり、これが、取締役による他の取締役に対する「監督」と監査役による取締役の「監査」の違いである。

第363条 次に掲げる取締役は、取締役会設置会社の業務を執行する。

一 代表取締役

二 代表取締役以外の取締役であって、取締役会の決議によって取締役会設置会社の業務を執行する取締役として選定されたもの

2 前項各号に掲げる取締役は、3箇月に1回以上、自己の職務の執行の状況を取締役会に報告しなければならない。

第365条 取締役会設置会社における第356条の規定の適用については、同条第1項中「株主総会」とあるのは、「取締役会」とする。

承認を得ずに取引をした場合は、次の通りとなる。

(1) 競業取引の契約は有効だが、任務懈怠責任が発生する。

(2) 任務懈怠責任が発生する。利益相反取引の契約は無効となる。但し、第三者には主張できない。

第399条の13 監査等委員会設置会社の取締役会は、第362条の規定にかかわらず、次に掲げる職務を行う。

一 次に掲げる事項その他監査等委員会設置会社の業務執行の決定

イ 経営の基本方針

ロ 監査等委員会の職務の執行のため必要なものとして法務省令で定める事項

ハ 取締役の職務の執行が法令及び定款に適合することを確保するための体制その他株式会社の業務並びに当該株式会社及びその子会社から成る企業集団の業務の適正を確保するために必要なものとして法務省令で定める体制の整備

二 取締役の職務の執行の監督

三 代表取締役の選定及び解職

2 監査等委員会設置会社の取締役会は、前項第1号イからハまでに掲げる事項を決定しなければならない。

3 監査等委員会設置会社の取締役会は、取締役（監査等委員である取締役を除く。）の中から代表取締役を選定しなければならない。

4 監査等委員会設置会社の取締役会は、次に掲げる事項その他の重要な業務執行の決定を取締役に委任することができない。

一 重要な財産の処分及び譲受け

二 多額の借財

三 支配人その他の重要な使用人の選任及び解任

四 支店その他の重要な組織の設置、変更及び廃止

五 第676条第1号に掲げる事項その他の社債を引き受ける者の募集に関する重要な事項として法務省令で定める事項

六 第426条第1項の規定による定款の定めに基づく第423条第1項の責任の免除

5 前項の規定にかかわらず、監査等委員会設置会社の取締役の過半数が社外取締役である場合には、当該監査等委員会設置会社の取締役会は、その決議によって、重要な業務執行の決定を取締役に委任することができる。ただし、次に掲げる事項については、この限りでない。（第1号～第17号を省略）

6 前2項の規定にかかわらず、監査等委員会設置会社は、取締役会の決議によって重要な業務執行（前項各号に掲げる事項を除く。）の決定の全部又は一部を取締役に委任することができる旨を定款で定めることができる。

第1項第1号ハが、内部統制体制の整備についての規定である。

第2項は、取締役会決議を要することを規定している。

第4項は、全員による決定の必要性を規定している。

監査等委員会設置会社の取締役会は、監査役会設置会社と同様のマネジメント・ボード型であるが、第5項又は第6項の何れかの手続によって指名委員会等設置会社と同様のモニタリング・ボード型取締役会に変更できる選択制として設計されている。

第400条 指名委員会、監査委員会又は報酬委員会の各委員会は、委員3人以上で組織する。

2 各委員会の委員は、取締役の中から、取締役会の決議によって選定する。

3 各委員会の委員の過半数は、社外取締役でなければならない。

4 監査委員会の委員、指名委員会等設置会社若しくはその子会社の執行役若しくは業務執行取締役又は指名委員会等設置会社の子会社の会計参与若しくは支配人その他の使用人を兼ねることができない。

第402条 指名委員会等設置会社には、1人又は2人以上の執行役を置かなければならない。

2 執行役は、取締役会の決議によって選任する。

3 指名委員会等設置会社と執行役との関係は、委任に関する規定に従う。

4 第331条第1項の規定は、執行役について準用する。

5 株式会社は、執行役が株主でなければならない旨を定款で定めることができない。ただし、公開会社でない指名委員会等設置会社については、この限りでない。

6 執行役は、取締役を兼ねることができる。（以下省略）

第403条 執行役は、いつでも、取締役会の決議によって解任することができる。

第415条 指名委員会等設置会社の取締役は、この法律又はこの法律に基づく命令に別段の定めがある場合を除き、指名委員会等設置会社の業務を執行することができない。

第416条 指名委員会等設置会社の取締役会は、第362条の規定にかかわらず、次に掲げる職務を行う。

一 次に掲げる事項その他指名委員会等設置会社の業務執行の決定

イ　経営の基本方針

　　ロ　監査委員会の職務の執行のため必要なものとして法務省令で定める事項

　　ハ　執行役が２人以上ある場合における執行役の職務の分掌及び指揮命令の関係その他の執行役相互の関係に関する事項

　　ニ　次条第２項の規定による取締役会の招集の請求を受ける取締役

　　ホ　執行役の職務の執行が法令及び定款に適合することを確保するための体制その他株式会社の業務並びに当該株式会社及びその子会社から成る企業集団の業務の適正を確保するために必要なものとして法務省令で定める体制の整備

　　二　執行役等の職務の執行の監督

2　指名委員会等設置会社の取締役会は、前項第１号イからホまでに掲げる事項を決定しなければならない。

3　指名委員会等設置会社の取締役会は、第１項各号に掲げる職務の執行を取締役に委任することができない。

4　指名委員会等設置会社の取締役会は、その決議によって、指名委員会等設置会社の業務執行の決定を執行役に委任することができる。ただし、次に掲げる事項については、この限りでない。（以下省略）

　第１項第１号ホが、内部統制体制の整備についての規定である。

　第２項は、取締役会決議を要することを規定している。

　第３項は、全員による決定の必要性を規定している。

　第４項は、この手続によって、マネジメント・ボード型から執行役による業務の決定と業務の執行の迅速化を図るモニタリング・ボード型に変更することができることを意味している。

第417条　指名委員会等設置会社においては、招集権者の定めがある場合であっても、指名委員会等がその委員の中から選定する者は、取締役会を招集することができる。

2　執行役は、前条第１項第１号ニの取締役に対し、取締役会の目的である事項を示して、取締役会の招集を請求することができる。この場合において、当該請求があった日から５日以内に、当該請求があった日から３週間以内の日を取締役会の日とする取締役会の招集の通知が発せられないときは、当該執行役は、取締役会を招集することができる。

3　指名委員会等がその委員の中から選定する者は、遅滞なく、当該指名委員会等の職務の執行の状況を取締役会に報告しなければならない。

4　執行役は、３箇月に１回以上、自己の職務の執行の状況を取締役会に報告しなければならない。この場合において、執行役は、代理人（他の執行役に限る。）により当該報告をすることができる。

5　執行役は、取締役会の要求があったときは、取締役会に出席し、取締役会が求めた事項について説明をしなければならない。

第418条　執行役は、次に掲げる職務を行う。

一　第416条第４項の規定による取締役会の決議によって委任を受けた指名委員会等設置会社の業務の執行の決定

二　指名委員会等設置会社の業務の執行

執行役は、基本的に、業務執行の決定と業務の執行を行なう。

第419条　執行役は、指名委員会等設置会社に著しい損害を及ぼすおそれのある事実を発見したときは、直ちに、当該事実を監査委員に報告しなければならない。

2　第355条、第356条及び第365条第２項の規定は、執行役について準用する。この場合において、第356条第１項中「株主総会」とあるのは「取締役会」と、第365条第２項中「取締役会設置会社においては、第356条第１項各号」とあるのは「第356条第１項各号」と読み替えるものとする。

3　第357条の規定は、指名委員会等設置会社については、適用しない。

第２項は、忠実義務、競業、利益相反取引に関する規定である。

第420条 取締役会は、執行役の中から代表執行役を選定しなければならない。（以下省略）

2 　代表執行役は、いつでも、取締役会の決議によって解職することができる。

第438条 次の各号に掲げる株式会社においては、取締役は、当該各号に定める計算書類及び事業報告を定時株主総会に提出し、又は提供しなければならない。（以下省略）

計算書類とは、貸借対照表、損益計算書その他会社の財産及び損益の状況を示すため必要かつ適当なものとして法務省令で定めるものをいう。

要点整理

取締役の基本的職務は、次の3点である。

＊株式会社の業務の執行（第348条）

＊取締役会設置会社の業務執行の決定（第362条）

　•監査等委員会設置会社は取締役への委任が可能（第399条の13）

　•指名委員会等設置会社は執行役への委任が可能（第416条）

＊取締役会設置会社の取締役の職務の執行の監督（第362条）

参考

取締役は、判例によって、次の監視義務を負っている。

＊1969年11月26日最高裁判決：代表取締役の監視義務

　代表取締役は他の代表取締役及び取締役の行為について監視義務を負う。

＊1973年5月22日最高裁判決：平取締役の監視義務

　代表権のない取締役といえども、代表取締役の行為について、監視義務を負う。

＊1980年3月18日最高裁判決：名目的取締役の監視義務

　名目的取締役といえども、代表取締役の行為について、監視義務を負う。

 **取締役の責任**

1 取締役の会社に対する損害賠償責任

　取締役の会社に対する損害賠償責任とは、その職務執行において任務懈怠（怠慢）によって生じた会社の損害を賠償する責任である。

第423条　取締役、会計参与、監査役、執行役又は会計監査人は、その任務を怠ったときは、株式会社に対し、これによって生じた損害を賠償する責任を負う。

2　取締役又は執行役が第356条第1項の規定に違反して第356条第1項第1号の取引をしたときは、当該取引によって取締役、執行役又は第三者が得た利益の額は、前項の損害の額と推定する。

3　第356条第1項第2号又は第3号の取引によって株式会社に損害が生じたときは、次に掲げる取締役又は執行役はその任務を怠ったものと推定する。

　一　第356条第1項の取締役又は執行役

　二　株式会社が当該取引をすることを決定した取締役又は執行役

　三　当該取引に関する取締役会の承認の決議に賛成した取締役

4　前項の規定は、第356条第1項第2号又は第3号に掲げる場合において、同項の取締役（監査等委員であるものを除く。）が当該取引につき監査等委員会の承認を受けたときは、適用しない。

　第1項は、役員等は、その任務懈怠によって生じた会社の損害を賠償する責任を負うことの規定である。

　第2項は、競業取引による損害の額の推定である。

　第3項は、利益相反取引によって会社に損害が生じたときは、各号に掲げる役員等に任務懈怠があったとものと推定するという規定である。

第4項は、監査等委員会設置会社において業務執行取締役の利益相反取引について監査等委員会の承認を受けているときは推定しないという規定である。これは、監査役（会）設置会社から監査等委員会設置会社に移行させるための）、インセンティブである。

第424条　前条第1項の責任は、総株主の同意がなければ、免除することができない。

2　取締役の第三者に対する損害賠償責任

取締役の第三者に対する責任とは、その職務執行につき悪意（故意）又は重大な過失によって生じた第三者の損害を賠償する責任である。

第429条　役員等がその職務を行うについて悪意又は重大な過失があったときは、当該役員等は、これによって第三者に生じた損害を賠償する責任を負う。（以下省略）

法律用語の「善意と悪意」は、道徳的な意味とは異なり、法律行為の成否に影響を及ぼす可能性のある事実及び事情について知らないことを善意と言い、知っていることを悪意と言うので、上掲の条文の「て悪意又は重大な過失があったときは」は、「ある事情を知っていて（わざと）又は一般的に要求される注意を著しく欠いて」と読み替えられる。

3　取締役の連帯責任

第430条　役員等が株式会社又は第三者に生じた損害を賠償する責任を負う場合において、他の役員等も当該損害を賠償する責任を負うときは、これらの者は、連帯債務者とする。

役員等が損害を賠償する責任を負う場合に、他の役員等も当該損害を連帯して賠償する責任を負う場合がある。

4　取締役の連帯責任の減免

　取締役等が過大な損害賠償責任を負うことで職務執行について萎縮しないよう、以下の通り、責任の減免措置を定めている。

第425条　前条の規定にかかわらず、第423条第１項の責任は、当該役員等が職務を行うにつき善意でかつ重大な過失がないときは、賠償の責任を負う額から次に掲げる額の合計額（最低責任限度額）を控除して得た額を限度として、株主総会の決議によって免除することができる。（以下省略）

第426条　第424条の規定にかかわらず、監査役設置会社（取締役が２人以上ある場合に限る。）、監査等委員会設置会社又は指名委員会等設置会社は、第423条第１項の責任について、当該役員等が職務を行うにつき善意でかつ重大な過失がない場合において、責任の原因となった事実の内容、当該役員等の職務の執行の状況その他の事情を勘案して特に必要と認めるときは、前条第１項の規定により免除することができる額を限度として取締役（当該責任を負う取締役を除く。）の過半数の同意（取締役会設置会社にあっては、取締役会の決議）によって免除することができる旨を定款で定めることができる。（以下省略）

第427条　第424条の規定にかかわらず、株式会社は、取締役（業務執行取締役等であるものを除く。）、会計参与、監査役又は会計監査人（以下この条及び第911条第３項第25号において「非業務執行取締役等」という。）の第423条第１項の責任について、当該非業務執行取締役等が職務を行うにつき善意でかつ重大な過失がないときは、定款で定めた額の範囲内であらかじめ株式会社が定めた額と最低責任限度額とのいずれか高い額を限度とする旨の契約を非業務執行取締役等と締結することができる旨を定款で定めることができる。（以下省略）

取締役にとっての
内部統制と内部監査

1　取締役にとっての内部統制

　内部統制とは、毎年の経営目標の達成とその積重ねによって健全かつ継続的発展という事業目的を実現するために有用な、経営者の経営用具又は経営管理手段の1つであり、総ての役職員が遵守すべき決め事及び総ての役職員による決め事の実践から成る。

　COSO報告書は、内部統制の効用について、以下の通り述べている。
＊経営者の職務は、会社の目標及び戦略の設定並びに当該目標の達成のための、人的及び物的資源の割当である。
＊内部統制は、経営者にとって、会社がその目標を達成していることを保証するのに役立つ経営方針、手続及び行動を含む広範な領域を対象とする。
＊内部統制には、経営者による業務の指揮及び監視、関連する内部事象及び外部事象の認識、リスクの識別及びリスクへの対処を可能にする、総ての役職員によって遂行される活動が含まれる。
＊内部統制は、状況の変化に応じて、経営者が適時な行動をとることを可能にする。
＊内部統制は、経営に悪影響を与える事象の抑制又は新規機会の獲得を可能にする。
＊内部統制は、経営者が環境的、社会的、法的義務を確実に果たすのに役立つ。コンプライアンスの確実化は、会社の評判を保持する。

2 取締役にとっての内部監査

　内部監査も、経営者の経営管理手段の１つであり、その代理人として自社の職員及び子会社等の役職員の業務にムリ、ムラ、ムダ、未対処の重大なリスク、誤謬、怠慢、不正、内部統制の不備等の、異常な事態が潜在していないか、経営目標を達成しているか、継続企業としての存続能力が確保されているかどうかを重点的に検証し、異常な事態の発見、その原因及び実情の指摘並びに抜本的解消に有効な施策を提言し、その実現に導くことによって経営に貢献する業務である。

　COSO報告書は、内部監査の業務について、以下の通り述べている。
　＊内部監査とは、目的及び目標が達成されているとの合理的保証が得られているか否かを決定するために、計画の立案、組織の編成、命令の実行のプロセスを調査し、評価することである。
　＊内部監査部門の活動の範囲は様々であるが、それは、事業体において如何なる特権が与えられているかによって、影響を受ける。

　会社の健全かつ継続的発展を阻害する異常な事態は全般的内部統制の体制及び／又は態勢の不備によって発生する。
　会社及び企業集団の健全かつ継続的発展は、適切な全般的内部統制の体制の構築と総ての職員による有効な運用にかかっている。
　全般的内部統制の態勢の不備は、役職員の作為義務及び不作為義務を定めた社内規程及び基準等に対する無知、軽視、無視に起因する。
　全般的内部統制の体制及び態勢の有効性は、現場単位の適切な日常的モニタリング及び内部統制と統合した内部監査による異常な事態の発見及びその原因の究明、指摘及び異常な事態の抜本的解消に有効な施策の提言、当該部門及び関係部門の適切な対処によって担保される。

3 内部監査の実効性確保の重要性

　経営者は、内部監査の独立性を損ねることのないよう、内部監査人に監査以外の業務、例えば、内部統制体制の構築業務を担当させることのないよう、配慮しなければならない。

　財務報告に係る内部統制の評価業務についても、専任の評価者を設定して担当させるのが賢明であり、内部監査を疎かにして、内部監査人を専従させるのは、本末転倒の処置となる。

　財務報告に係る内部統制を整備する目的は、財務報告の信頼性の確保即ち経営者による不正な財務報告（粉飾）の予防及び牽制であり、その意味で有用かつ重要であるが、財務報告以外の分野の不正及びリスク・マネジメントの不備による多額の損失の予防ではない。

備考：

　1987年10月に公表された不正な財務報告全米委員会（通称：トレッドウェイ委員会）報告書は、不正な財務報告とは、作為又は不作為に関わらず、重要な誤解を招く財務諸表をもたらす故意又は無謀な行為と定義した。

　内部監査人に、監査の一環として、財務報告に係る内部統制の評価を行なわせることについて異存はないが、内部監査人の本務は会社の健全かつ継続的発展を支援するために必要かつ不可欠の、業務の有効性及び異常な事態の有無の検証にあること、内部監査人が財務報告に係る内部統制の評価に専念している場合は、当該評価業務の適切性及び有効性について、別の内部監査人が監査しなければならなくなることを忘れてはならない。

178

IV 内部監査体制の整備

1 実効的実施のための環境整備

　実践的内部監査の目的は、適切かつ有効なリスク・マネジメント及びコンプライアンス体制の確立、経営目標の達成、健全かつ継続的発展の実現の支援にあるが、内部監査組織の自助努力だけで斯かる目的を実現するのは困難である。

　内部監査の実効は監査先に提供した異常な事態の抜本的解消に有効な施策の助言が監査先によって実行に移されかつ実現することであるが、内部監査人は刑事と異なり逮捕権、拘留権、押収権を付与されていないので、監査先の理解と協力を得られなければ有効な内部監査を実施することができない。

　内部監査人が有益な施策を提供しても監査先が実行に移さなければ、内部監査の実効を上げることができない。逆に、監査先の協力が得られても、内部監査人が有益な施策を提供できなければ、内部監査の実効を上げることができない。

　上記の何れの場合も、監査資源の浪費となり、監査人は穀潰しと嘲笑されかねない。

　最高経営執行者等経営者が内部監査を有効活用するためには、以下の施策を講じる必要がある。

(1) 内部監査の有用性の周知

　実効をもたらす内部監査を効率的に実施するためには、社内において内部監査を受け入れかつ協力する気風を醸成する必要がある。

そのためには、先ず、最高経営執行者が社内の役職員に向けて、内部監査の有用性及びその体制整備の重要性を説明し、協力を要請する。

次に、内部監査組織が総ての役職員を対象に、オリエンテーションを行ない、内部監査の目的、手続、監査先の義務について周知を図る。

(2) 子会社等の定款への明記

子会社等を有している場合は、当該会社の定款に親会社の内部監査の受入及び協力の義務を明記する。

親会社の内部監査規程で子会社の監査受入義務を規定している会社もあるが、子会社には法人格があるため、法律上無効であるだけでなく、子会社を自社の事業所と同様に扱うと子会社等の法人格の否認となり、利害関係者との訴訟リスクを抱えることになる。

子会社等の定款に明記して置くことにより、斯かる訴訟リスクを回避できるだけでなく、子会社等が合弁会社であっても、内部監査を実施の都度合弁相手の了解を取り付ける手間を省くことができる。

この他に、親会社と子会社等の間で同様の趣旨を記載した、業務委託契約書を取り交わす方法もある。

更に、子会社の最高経営執行者及び親会社の内部監査組織責任者が、子会社等の役職員に対する説明会の開催等により、内部監査の有用性についての周知を図る。

(3) 内部監査の基本事項の明確化

内部監査人は、監査業務を効率的かつ効果的に実施して、その実効を上げなければならない。これを言い換えると、最少の費用負担で最大の効果を上げなければならないということである。

そのためには、内部監査人が監査業務を円滑にかつ有効に実施できるようにする、内部監査実施上の基本事項の明確化が不可欠である。

2 実効的実施のための基本事項の明確化

　内部監査の実施に関する基本事項を、親会社の取締役会で決定する。

（1）　内部監査の目的

　内部監査は、経営方針が社内の末端まで徹底されているか、各部署が計画、予算、目標通り業績を上げているか、内部統制が有効に機能しているかどうか等を確かめるために、取締役会及び最高経営執行者等が、内部監査人（監査部長を含む、更に監査担当役員を置く場合は、同人も含む）に委託して行なわせる代理業務である。

（2）　内部監査人の位置付

　経営者の代理人である内部監査人は、経営者の目となり耳となって、監査業務を実施する。

（3）　内部監査人の独立性の確保

　内部監査組織を取締役会の直属とすることにより、外見的にも実質的にも所属員の人事の独立を確保し、業務に専心できる環境を整備する。但し、日常業務においては、最高経営執行者の指揮を受ける。

（4）　社内の受委託関係

　部下と上司は受委託関係にあり、部下は上司に対して受託業務を遂行する義務及び適切に遂行したことを報告する義務を負っている。

（5）　内部監査の業務

　内部監査は、受託者が付与された業務を適切に遂行しかつその結果についての報告義務を適切に遂行したことを証明する業務である。

(6) 被監査部署の義務

監査を受ける組織及びその所属員は、自らの受託業務及び説明義務を適切に遂行したことを証明する義務（挙証義務）を負っておりかつ監査業務が円滑に進むよう協力する義務を負っている。

3 実効的実施のための監査規程の制定

監査の効率的実施に必要な以下を骨子とする「内部監査規程」を制定する。

＊規程制定の趣旨
＊監査の目的 … 2－(1)
＊監査部の位置付 … 2－(2)(3)
＊監査の種類、範囲
＊監査の計画、手続、報告
＊監査人の権限
  • 監査権、往査権
  • 監査に必要な文書、帳簿、証憑等の閲覧権、コピー収集権
  • 関係者への質問権、事情聴取権
  • 関係会議での傍聴権等
＊監査人の義務
  • 受託業務、報告義務 … 2－(4)
  • 意見表明義務
  • 専門職としての注意義務、守秘義務
  • 独立性、中立性、公正性、客観性の保持義務
＊監査人の責任
  • 任務懈怠、規程違反に対する罰則
＊被監査人の権限
  • 正当な理由がある場合の拒否権

＊被監査人の義務

- 受託業務、報告義務 … 2−(4) (5)
- 監査への協力義務及び挙証義務 … 2−(6)

＊被監査人の責任

- 監査忌避、監査妨害に対する罰則

4　監査要員の確保

社内外の役職員の中から監査部長、監査人、その他職員を選任する。

(1)　監査部長

組織運営能力、正義感、平衡感、論理的思考と文章表現の能力を有しかつ監査の独立性と客観性を保持できる者。なるべくなら更に、監査の技能と経験を有し、かつ監査要員を指導及び育成できる者。

(2)　監査人

正義感、注意力、感性、知恵、平衡感、一般常識、論理的思考と文章表現の能力、勤労意欲を有する者。

社内の業務を理解していなければ監査業務を実施できないので、5年乃至10年以上の社内業務の経験を有する者を現業部門及び管理部門から選抜するのがよい。

一定数を監査部プロパーとして転籍させ、更に他の一定数を2年乃至3年のローテーションで社内出向させる形を採れば、必要な人数を確保できる上、原籍復帰後の担当業務への付加価値に役立つ種々の知識及び実践の機会を社内出向者に提供することができる。

(3)　その他の職員

正義感、勤労意欲、監査人を支援する技能を有する者。

5　予算の確保

　監査業務の遂行及び監査要員の育成等に十分な予算を確保する。

　金額は、内部監査組織の規模、往査の件数及び費用、監査要員の育成費用等を考慮して算出する。

　高品質の監査を実施して実効を上げた内部監査人にインセンティブ（成績加算金又は割増賞与）を供与することにより、業務取組意欲を喚起するのが望ましい。

---

column 7　内部統制と内部監査の関係

　1948年に『監査基準』として正式に承認された1947年のAIA『監査基準試案』は、監査手続書第2号を引用して、「内部監査は内部統制システムの重要な一部門である」と定義した。

　1949年のAIA特別報告書『内部統制』は、「内部統制とは、資産の保全、会計データの正確性及び信頼性の点検、業務効率の増進、定められた経営方針の遵守を促進するために企業の内部で採用されている組織計画並びに調整のための総ての方法及び手段で構成される。これらの諸要素を整備し、定期的に点検し、脆弱性を是正する責任は、経営者にある」と定義した。

　会社で整備すべき内部統制システムの構成要素として、①各部門が独立する組織計画、②取引の承認及び記録等を統制するシステム、③各部門の健全な実践、④職務に相応する従業員の能力を挙げ、①の各部門の分離の部分で、「会計には内部監査を含む」とした。

　1975年のAICPA監査基準書第9号は、それまでの「内部監査は内部統制システムの重要な一部門である」との定義を否定した。

第 6 章

監査役等の業務並びに内部統制及び内部監査

監査役は、取締役の職務執行、株式会社の計算書類、事業報告、付属書類等を監査する。

監査役は、取締役の職務執行の監査の一内容として、内部統制の体制の構築及び運用の状況を監査する職務を負っている。

監査役が斯かる監査を有効に実施するためには、内部監査の手法及び結果を活用するのが賢明である。

以上の3点は、監査等委員及び監査委員にも共通して該当する。

3種の監査機関の概観

1　監査役、監査等委員会、監査委員会の職務

　会社の監査機関として、監査役、監査等委員会、監査委員会の3種がある。これら3種の監査機関の基本的な任務は、取締役の職務の執行に対する監査であり、監査には業務監査と会計監査がある。

　会計監査人設置会社においては、会計監査は、会計監査人が実施し、その監査報告が監査機関及び取締役会に提出される。監査機関は、会計監査人の監査の方法及び結果の相当性を判断する。

　「相当性」は、一般には「合理性」と同義であるが、会計監査人のような職業的監査人の仕事ぶりを監査役が判断する場合は、適否や当否の判断ではなく、「職業的専門家としての職務遂行」を評価する基準として、「相当かどうか」が用いられる。（日本監査役協会の「監査役監査実施要領」）

2　監査役、監査等委員会、監査委員会の責任

　会社法は、これら3種の監査機関に対し、その職務遂行に必要な次の4種の権限を附与しているが、これらの権限は「善良な管理者の注意をもって、委任事務を処理する義務」でもある。
　＊調査の権限
　＊是正の権限
　＊報告の権限
　＊その他の権限（同意権、意見陳述権、代表権等）

これら３種の監査機関には善管注意義務があり、職務の遂行において当該義務に違反したときは、当該役員は任務懈怠責任を問われ、会社に対して損害賠償をする責任を負い、職務の遂行において悪意又は重大な過失があったときは、当該役員はこれによって第三者に発生した損害を賠償する責任を負う（第429条）。

＊役員等の会社に対する損害賠償責任（第423条）
　・株主への違法な利益供与の看過（第120条）
　・無承認の競業及び利益相反取引の看過（第356条）
　・違法な剰余金分配の看過（第462条）
＊役員等の第三者に対する損害賠償責任（第429条）

他の役員も連帯して損害賠償責任を負う場合がある（第430条）。

3　監査役、監査等委員会、監査委員会の責任の軽減

　これら３種の監査機関は、悪意（故意）又は重大な過失がなかったときは、次の３種の方法によって、任務懈怠責任が軽減される。

＊株主総会決議による軽減（第425条）
＊取締役会決議による軽減（第426条）
＊責任限定契約による軽減（第427条）

3種の監査機関の業務と権限、義務、責任

1 監査機関の組織

第390条 監査役会は、すべての監査役で組織する。
2 監査役会は、次に掲げる職務を行う。ただし、第3号の決定は、監査役の権限の行使を妨げることはできない。
　一 監査報告の作成
　二 常勤の監査役の選定及び解職
　三 監査の方針、監査役会設置会社の業務及び財産の状況の調査の方法その他の監査役の職務の執行に関する事項の決定
3 監査役会は、監査役の中から常勤の監査役を選定しなければならない。
4 監査役は、監査役会の求めがあるときは、いつでもその職務の執行の状況を監査役会に報告しなければならない。

第2項の「監査役の権限の行使を妨げることはできない」は「監査役監査の独任制を妨げることはできない」という意味である。

第399条の2 監査等委員会は、全ての監査等委員で組織する。
2 監査等委員は、取締役でなければならない。(以下省略)

第329条 役員(取締役、会計参与及び監査役…)及び会計監査人は、株主総会の決議によって選任する。

第339条 役員及び会計監査人は、いつでも、株主総会の決議によって解任することができる。

第400条　指名委員会、監査委員会又は報酬委員会の各委員会は、委員3人以上で組織する。

2　各委員会の委員は、取締役の中から取締役会の決議によって選定する。

3　各委員会の委員の過半数は、社外取締役でなければならない。

4　監査委員会の委員は、指名委員会等設置会社若しくはその子会社の執行役若しくは業務執行取締役又は指名委員会等設置会社の子会社の会計参与若しくは支配人その他の使用人を兼ねることができない。

第401条　各委員会の委員は、いつでも、取締役会の決議によって解職することができる。

監査委員は、取締役会決議で解職されるので、独立性が脆弱である。

第393条　監査役会の決議は、監査役の過半数をもって行う。

2　監査役会の議事については、法務省令で定めるところにより、議事録を作成し、議事録が書面をもって作成されているときは、出席した監査役は、これに署名し、又は記名押印しなければならない。（以下省略）

第412条　指名委員会等の決議は、議決に加わることができるその委員の過半数が出席し、その過半数をもって行う。

2　監査機関の権限と業務

第340条　監査役は、会計監査人が次のいずれかに該当するときは、その会計監査人を解任することができる。（以下省略）

第342条の2　監査等委員である取締役は、株主総会において、監査等委員である取締役の選任若しくは解任又は辞任について意見を述べることができる。（2～3を省略）

4　監査等委員会が選定する監査等委員は、株主総会において、監査等委員である取締役以外の取締役の選任若しくは解任又は辞任について監査等委員会の意見を述べることができる。

第343条　取締役は、監査役がある場合において、監査役の選任に関する議案を株主総会に提出するには、監査役（監査役が2人以上ある場合にあっては、その過半数）の同意を得なければならない。

2　監査役は、取締役に対し、監査役の選任を株主総会の目的とすること又は監査役の選任に関する議案を株主総会に提出することを請求することができる。（以下省略）

第344条　監査役設置会社においては、株主総会に提出する会計監査人の選任及び解任並びに会計監査人を再任しないことに関する議案の内容は、監査役が決定する。

第344条の2　取締役は、監査等委員会がある場合において、監査等委員である取締役の選任に関する議案を株主総会に提出するには、監査等委員会の同意を得なければならない。

第381条　監査役は、取締役の職務の執行を監査する。この場合において、監査役は、法務省令で定めるところにより、監査報告を作成しなければならない。

2　監査役は、いつでも、取締役及び会計参与並びに支配人その他の使用人に対して事業の報告を求め、又は監査役設置会社の業務及び財産の状況の調査をすることができる。

3　監査役は、その職務を行うため必要があるときは、監査役設置会社の子会社に対して事業の報告を求め、又はその子会社の業務及び財産の状況の調査をすることができる。（以下省略）

第382条 監査役は、取締役が不正の行為をし、若しくは当該行為をするおそれがあると認めるとき、又は法令若しくは定款に違反する事実若しくは著しく不当な事実があると認めるときは、遅滞なく、その旨を取締役（取締役会設置会社にあっては、取締役会）に報告しなければならない。

第383条 監査役は、取締役会に出席し、必要があると認めるときは、意見を述べなければならない。（以下省略）

第384条 監査役は、取締役が株主総会に提出しようとする議案、書類その他法務省令で定めるものを調査しなければならない。この場合において、法令若しくは定款に違反し、又は著しく不当な事項があると認めるときは、その調査の結果を株主総会に報告しなければならない。

第385条 監査役は、取締役が監査役設置会社の目的の範囲外の行為その他法令若しくは定款に違反する行為をし、又はこれらの行為をするおそれがある場合において、当該行為によって当該監査役設置会社に著しい損害が生ずるおそれがあるときは、当該取締役に対し、当該行為をやめることを請求することができる。（以下省略）
　これが、取締役に対する業務差止め請求権である。

第399条の2 監査等委員会は、全ての監査等委員で組織する。
2　監査等委員は、取締役でなければならない。
3　監査等委員会は、次に掲げる職務を行う。
　一　取締役の職務の執行の監査及び監査報告の作成
　二　株主総会に提出する会計監査人の選任及び解任並びに会計監査人を再任しないことに関する議案の内容の決定
　三　第342条の2第4項及び第361条第6項に規定する監査等委員会の意見の決定（以下省略）

第399条の3　監査等委員会が選定する監査等委員は、いつでも、取締役及び支配人その他の使用人に対し、その職務の執行に関する事項の報告を求め、又は監査等委員会設置会社の業務及び財産の状況の調査をすることができる。

2　監査等委員会が選定する監査等委員は、監査等委員会の職務を執行するため必要があるときは、監査等委員会設置会社の子会社に対して事業の報告を求め、又はその子会社の業務及び財産の状況の調査をすることができる。（以下省略）

第399条の4　監査等委員は、取締役が不正の行為をし、若しくは当該行為をするおそれがあると認めるとき、又は法令若しくは定款に違反する事実若しくは著しく不当な事実があると認めるときは、遅滞なく、その旨を取締役会に報告しなければならない。

第399乗の5　監査等委員は、取締役が株主総会に提出しようとする議案、書類その他法務省令で定めるものについて法令若しくは定款に違反し、又は著しく不当な事項があると認めるときは、その旨を株主総会に報告しなければならない。

第399条の6　監査等委員は、取締役が監査等委員会設置会社の目的の範囲外の行為その他法令若しくは定款に違反する行為をし、又はこれらの行為をするおそれがある場合において、当該行為によって当該監査等委員会設置会社に著しい損害が生ずるおそれがあるときは、当該取締役に対し、当該行為をやめることを請求することができる。

第404条　指名委員会は、株主総会に提出する取締役の選任及び解任に関する議案の内容を決定する。

2　監査委員会は、次に掲げる職務を行う。

一 執行役等の職務の執行の監査及び監査報告の作成
二 株主総会に提出する会計監査人の選任及び解任並びに会計監査人を
再任しないことに関する議案の内容の決定

第405条 監査委員会が選定する監査委員は、いつでも、執行役等及び支配
人その他の使用人に対し、その職務の執行に関する事項の報告を求め、
又は指名委員会等設置会社の業務及び財産の状況の調査をすることがで
きる。

2 　監査委員会が選定する監査委員は、監査委員会の職務を執行するため
必要があるときは、指名委員会等設置会社の子会社に対して事業の報告
を求め、又はその子会社の業務及び財産の状況の調査をすることができ
る。(以下省略)

第406条 監査委員は、執行役又は取締役が不正の行為をし、若しくは当該
行為をするおそれがあると認めるとき、又は法令若しくは定款に違反
する事実若しくは著しく不当な事実があると認めるときは、遅滞なく、
その旨を取締役会に報告しなければならない。

第407条 監査委員は、執行役又は取締役が指名委員会等設置会社の目的の
範囲外の行為その他法令若しくは定款に違反する行為をし、又はこれら
の行為をするおそれがある場合において、当該行為によって当該指名委
員会等設置会社に著しい損害が生ずるおそれがあるときは、当該執行役
又は取締役に対し、当該行為をやめることを請求することができる。

2 　前項の場合において、裁判所が仮処分をもって同項の執行役又は取締役
に対し、その行為をやめることを命ずるときは、担保を立てさせないもの
とする。

監査委員は、株主総会への報告権限を付与されていない。

第6章 監査役等の業務並びに内部統制及び内部監査

193

3　計算書類等の監査

第436条　監査役設置会社（会計監査人設置会社を除く）においては、前条第2項の計算書類及び事業報告並びにこれらの附属明細書は、法務省令で定めるところにより、監査役の監査を受けなければならない。

2　会計監査人設置会社においては、次の各号に掲げるものは、法務省令で定めるところにより、当該各号に定める者の監査を受けなければならない。

一　前条第2項の計算書類及びその附属明細書　　監査役（監査等委員会設置会社にあっては監査等委員会、指名委員会等設置会社にあっては監査委員会）及び会計監査人

二　前条第2項の事業報告及びその附属明細書　　監査役（監査等委員会設置会社にあっては監査等委員会、指名委員会等設置会社にあっては監査委員会）

3　取締役会設置会社においては、前条第2項の計算書類及び事業報告並びにこれらの附属明細書（第1項又は前項の規定の適用がある場合にあっては、第1項又は前項の監査を受けたもの）は、取締役会の承認を受けなければならない。

4　会計監査人の監査

第396条　会計監査人は、次章の定めるところにより、株式会社の計算書類及びその附属明細書、臨時計算書類並びに連結計算書類を監査する。この場合において、会計監査人は、法務省令で定めるところにより、会計監査報告を作成しなければならない。

2　会計監査人は、いつでも、次に掲げるものの閲覧及び謄写をし、又は取締役及び会計参与並びに支配人その他の使用人に対し、会計に関する報告を求めることができる。

一　会計帳簿（以下省略）

二　会計帳簿又はこれに関する資料が電磁的記録をもって作成されているときは、当該電磁的記録に記録された事項を法務省令で定める方法により表示したもの（以下省略）

3　会計監査人は、その職務を行うため必要があるときは、会計監査人設置会社の子会社に対して会計に関する報告を求め、又は会計監査人設置会社若しくはその子会社の業務及び財産の状況の調査をすることができる。

第397条　会計監査人は、その職務を行うに際して取締役の職務の執行に関し不正の行為又は法令若しくは定款に違反する重大な事実があることを発見したときは、遅滞なく、これを監査役に報告しなければならない。

2　監査役は、その職務を行うため必要があるときは、会計監査人に対し、その監査に関する報告を求めることができる。（以下省略）

第398条　第396条第1項に規定する書類が法令又は定款に適合するかどうかについて会計監査人が監査役と意見を異にするときは、会計監査人は、定時株主総会に出席して意見を述べることができる。

5　監査機関の責任

第423条　取締役、会計参与、監査役、執行役又は会計監査人は、その任務を怠ったときは、株式会社に対し、これによって生じた損害を賠償する責任を負う。（以下省略）

第429条　役員等がその職務を行うについて悪意又は重大な過失があったときは、当該役員等は、これによって第三者に生じた損害を賠償する責任を負う。（以下省略）

6 3種の監査機関の要点

監査役会、監査等委員会、監査委員会の特徴は、次の通りである。

項目		監査役（会）	監査等委員（会）	監査委員（会）
員数		3名以上、半数以上は社外監査役	3名以上、過半数は社外取締役	3名以上、過半数は社外取締役
任期		4年	2年	1年
常勤者		必要	不要	不要
監査人の選任・解任選定・解職		監査役は株主総会で選任・解任	監査等委員となる取締役は株主総会で選任・解任	取締役は株主総会で選任・解任、監査委員等は取締役会で選定・解職
監査対象		取締役の職務執行、計算書類	取締役の職務執行、計算書類	執行役と取締役の職務執行、計算書類
調査権	業務・財産	全員の独任制	選定監査等委員	選定監査委員
	子会社	全員の独任制	選定監査等委員	選定監査委員
監査方法		実地監査	内部統制体制を利用した組織的監査	内部統制体制を利用した組織的監査
取締役会宛報告義務		各監査役	各監査等委員	各監査委員
総会宛提出議案調査権		各監査役	各監査等委員	なし
差止請求権		各監査役	各監査等委員	各監査委員
会計監査人の選解任等		監査役会が議案の内容を決定	監査等委員会が議案の内容を決定	監査委員会が議案の内容を決定
利益相反取引事前承認		なし	なし	あり

7 「監査等委員会」という名称

　会社法に「監査」と「監督」の定義がないため、一般に両者の違いが理解されていない。国語辞典を見ても「監査とは、監督と検査」という誤った説明が載っているだけである。第3章のⅠを参照されたい。

　法学者の解説として、「監査とは、業務執行の適法性を確保（違法・不正行為を防止）することを主眼とし、監督とは、いわゆる妥当性監査、業務執行者の業績を評価し、業務執行の効率性を確保することを主眼とする…」と紹介されているが、これでは納得がいかない。両者の相違を一言で述べれば、強要できないのが監査、強要できるのが監督である。

　会社法を念頭において両者の違いを解説すれば、次の通りとなる。
　＊監査とは、取締役、執行役、支配人等が法令・定款・株主総会決議に
　　違反しないよう、所期の目標を効率的に達成できるよう、監視をして、
　　必要とあれば、是正勧告及び改善提案をする業務である。
　＊監督とは、取締役、執行役、支配人等が法令・定款・株主総会決議に
　　違反しないよう、所期の目標を効率的に達成できるよう、監視をして、
　　必要とあれば、指揮及び命令をする業務である。

　換言すれば、監査をする側と受ける側は並列の関係にあるのに対し、監督をする側と受ける側は上下の関係にあるという点で異なる。後者の上下関係は、人事権及び法的権限によって有効となる。

　改正会社法の中間試案・要綱の段階で「監査・監督委員会」とされていた名称が法案で「監査等委員会」と改められたのは、当該委員会が、指名委員会及び報酬委員会のように取締役会の監督機能の全般を担う訳ではないためとされている。

8　法制審議会の事実認識

(1)　常勤監査等委員の設置が必須でない不合理性

　監査等委員会及び監査委員会が内部統制システムを利用した組織的な監査を行なうことを前提としているため、常勤監査等委員及び常勤監査委員の設置が必ずしも必須ではないとされているが、この説明の根拠が合理的でない。非常勤の監査等委員又は監査委員だけで監視機能が果たせる筈がなく、任務懈怠のリスクを孕んでいる。

(2)　選定委員にしか調査権が与えられない不合理性

　報告徴収権及び調査権がそれぞれの委員会で選定された委員にしか与えられないのも不合理と言わざるを得ない。

(3)　実地監査が必須でない不合理性

　独任制の監査役は自ら実査を行なうが、常勤が義務付けられていないから、或いは内部統制システムを利用した組織的な監査を行なうことを前提としているため、監査等委員及び監査委員は実査が必要ではないとされているが、何れも根拠薄弱かつ合理性に欠ける。

　監査用語の「実査」は、資産の実物と記録の一致を確かめる（資産の実在性を確かめる）ための「実物検査」の略語であり、実地で監査する「実地監査」の略語ではない。

(4)　内部統制システムを利用した組織的な監査の幻想

　「内部統制システムを利用した組織的な監査」とは、会社法の制定及び改正に関与した法学者等が主張している監査手法というものであるが、それぞれの解釈に相違と誤解があり、確固たる定義はない。厳密には、彼らの主張するものは、「聴取方法」であり、「監査手法」ではない。

先ず、「組織的な監査」とは「委員会として行なう監査」という意味である。次に、「内部統制システムを利用した監査」とは、内部監査人、外部監査人、その他からの「聴取」という監査技術の1つであり、これだけでは監査を実施したことにならない。

法制審議会会社法制部会議事録に見られる「内部統制システムを利用した組織的な監査」についての誤った解説として、次の2つがある。

[1]　解釈その1

(1)　指名委員会等設置会社では、内部統制部門を通じた監査、内部統制システムの設計や働き具合をチェックする角度からの監査をやる。

(2)　企業グループの内部統制を中心とした監査を行ない、企業集団全体の業務の適正性や厳然性の確保に努める。

(1)も(2)も、内部統制の有効性についての監査であって、内部統制システムを利用した業務執行者の職務執行についての監査手法ではない。

[2]　解釈その2

監査とは、(1)情報収集、(2)評価、(3)報告という3つのプロセスである。

(1)　情報収集は、内部統制システムを利用して行なう。

　　　内部監査部、内部統制部、リスク管理部、コンプライアンス部の社内体制が効果的に運用されているかどうかを監査する。

　　　財務報告の適正性については、会計監査人監査に依拠する。

(2)　監査要点について、監査基準に照らして、適法性・妥当性・効率性を評価する。

(3)　適法性・妥当性・効率性監査の結果と内部統制システムの相当性について、取締役会及び株主に報告をする。

つまり、監査等委員が自ら監査をするのではなく、内部監査人等から監査及び調査等の結果報告を聞くということであり、この根拠は以下の条文にあるとしている。

第381条、第399条の 3 、第405条

　　監査役、監査等委員会、監査委員会は、いつでも、取締役、執行役、支配人その他の使用人に事業の報告を求めることができる。

第397条第 2 項

　　監査役、監査等委員会、監査委員会は、その職務を行うため必要があるときは、会計監査人に対し、その監査に関する報告を求めることができる。

　　これは、社内外の関係者からの業務状況の「聴取」という監査技術の 1 つであり、自らその裏取による事実確認をしないので、これだけでは監査を実施したことにはならない（又聞き、伝聞の類となる）。

　　監査とは、ある事象、懸念事項、関心事項等について、監査人自らが証拠の入手によって事実及び実態の識別及び確認並びに適否の判断及び良否の評価を行ない、それを基に形成した監査意見をその利用者に伝達する業務であり、第三者の説明及び報告を鵜呑にしてはならない。監査人が第三者の説明及び報告を鵜呑にするのでは、わざわざ費用と時間をかけて監査を実施する意味がない（説明書を入手すれば済む）。

　　「監査」ではなく「監督」のための情報収集であれば、内部監査、内部統制、リスク・マネジメント、コンプライアンス等の部署からの「事情聴取」でよかろうが、「監査」であるからには、実地での自らの耳と目による事実及び実態の識別及び確認が不可欠である。

　　本来の「内部統制システムを利用した監査」は、第 2 章 II の 1 の(4)に掲げた「監査実施準則」に記載された、次のような、試査の範囲を限定するための、合理的かつ効率的監査の手法である。

　　　一般監査手続の適用は、原則として。精査によらず、試査によるものとする。精査とは、会計記録の一切についてこれを検査することをいい、試査とは、会計記録の一部を適当に選択して検査し、その結果をもつて他の部分の正否を推定することをいう。…

試査の範囲は、企業の内部統制組織の信頼性の程度に応じ、適当にこれを決定する。内部統制組織がよく整備運営されている場合には、これを信頼して試査の範囲を縮小することができるが、その組織が完全でなく、又効果が充分に認められない場合には、これに応じて、試査の範囲を拡大しなければならない。従つて、場合によつては精査を必要とすることもありうる。

　現代の「内部統制を利用した監査」は、次の概念に基づき「リスク・アプローチ」と呼ばれている「監査リスク・ベースの監査」である。
　財務諸表監査は、証拠に当たって財務諸表の適正性を判断することであるが、監査人が全記録を点検するのは事実上不可能であるから、重要な虚偽表示が発生するリスクが高い領域を見極め、この領域からサンプルを抜き出して点検する試査によって財務諸表全体の適正性を判断する。
　具体的には、重要な虚偽表示のリスク（固有リスク）、内部統制の有効性、統制リスク（内部統制が有効でないために是正されずに残るリスク）の評価を通じて、重要な虚偽表示を監査で看過するリスク（発見リスク）の水準を推定し、試査の範囲を決定する。
　このように、財務諸表監査を行なう公認会計士が試査の範囲を決定するときに依拠したものが、被監査会社の内部統制（の有効性）である。

第6章　監査役等の業務並びに内部統制及び内部監査

3種の監査機関と内部監査組織の関係

1 コーポレートガバナンス・コードの目的

　企業統治の強化とは不正防止のための経営者に対する監視の強化であるとする誤解がみられるが、コーポレートガバナンス・コードには、次の通りに記載されている。特に下線を付した部分が重要である。
7．会社は、株主から経営を付託された者としての責任（受託者責任）をはじめ、様々なステークホルダーに対する責務を負っていることを認識して運営されることが重要である。本コードは、こうした責務に関する説明責任を果たすことを含め会社の意思決定の透明性・公正性を担保しつつ、これを前提とした会社の迅速・果断な意思決定を促すことを通じて、いわば「攻めのガバナンス」の実現を目指すものである。本コードでは、会社におけるリスクの回避・抑制や不祥事の防止といった側面を過度に強調するのではなく、むしろ健全な企業家精神の発揮を促し、会社の持続的な成長と中長期的な企業価値の向上を図ることに主眼を置いている。

2 内部監査の存在意義

　内部監査の存在意義は、会社の経営に貢献することにある。例えば、実地監査において、経営目標の達成度を調べ、未達であればその原因を調べ、達成を可能にする方策を監査先に助言し、経営判断とその修正に役立つ情報を経営者に提供することによって、監査先、経営者、会社、株主に貢献する。内部監査組織は、これらの支援によって多数の会社にとって喫緊の課題である収益力の強化に貢献するのである。

3　監査委員と監査等委員の監査

「監査役は自ら実地監査を行なうが、社外取締役である監査等委員及び監査委員はその必要がない」というのは、全く筋が通らない。一元制の取締役会で業務担当取締役が他の業務担当取締役の職務の執行に対する監督を行なうのとは訳が違う。

くどいようだが、監査というからには自らの耳と目で証拠に当たって事実及び実態の識別又は確認から開始しなければならない。事情の聴取及び報告の受領は、それだけのことであり、監査ではない。

監査等委員及び監査委員の全員が、その職務を補助すべき取締役及び使用人を活用して組織的な監査を実施することが肝要である。

4　内部監査人の位置づけと活用方法

既述の通り、内部監査人には経営に貢献する内部監査を実施して貰わないと会社の健全かつ継続的発展は実現できなくなる。しかしながら、最高経営執行者の直属とするのは、私物化されるリスクがあり、宜しくない。かと言って、監査等委員会又は監査委員会の直属とすると経営に貢献する内部監査を実施できなくなる。

内部監査人は会社に雇用されているので、取締役会の直属とし、日常業務においては、取締役会の代表者としての最高経営執行者と接触するのが適当である。

会社によって、社長に直属するが監査機関からも指示を受ける形の、又はこの逆の形の指揮命令系統（reporting line）に組み入れているのが散見されるが、「指揮命令系統の一元」又は「指揮命令系統の統一」は組織運営の基本であり常識である。さもないと、2つの相反する命令によって部下の業務が混乱をきたす。

内部監査人に対する日々の指揮命令は、最高経営執行者が、取締役会構成員の要望も取り入れて下すが、都度の報告については、本紙を最高経営執行者に、写を監査等委員会又は監査委員会に提出し、半年に１回取締役会に概要報告をするのがよい。

　報告書等の写の送付先は、監査等委員会又は監査委員会だけでなく、複数の管理部署等も含まれるので、適宜定めて置くのがよい。

5　監査役等の有効な監査のためには

　かつては取締役の職務執行が適法であるか否かに監査の重点が置かれていたが、現在は継続企業としての存続能力の確保に不可欠の取締役及び使用人の業務の有効性についても監査する必要がある。

　監査役、監査等委員会、監査委員会は、三様監査の連携によって有用情報を効率的に収集し、内部監査の結果を活用し、異常な事態の有無、役職員の業務の有効性、全般的内部統制の有効性、事業継続能力の程度等々を検証することが肝要である。

　監査役、監査等委員、監査委員は、取締役の見張り役であると誤解をしてはならない。これら監査機関は、株式会社と株主のため、取締役を過誤から守る見守り役であると心得るのがよい。

　取締役は株主から会社の経営及びその他の取締役の監督を委任された受任者であり、監査役、監査等委員会、監査委員会は株主から取締役の監査及び会社財産の保全を委任された受任者である。両者は、上下関係にも敵対関係にもなく、各々の立場で会社の健全かつ継続的発展を図る職務を負っている。

　監査役、監査等委員、監査委員は、法律の目、世間の目、株主の目で受託職務を遂行し、株主その他利害関係者の負託に応える。

第 7 章

監査担当役員及び
監査部長等の業務

監査部長等の主要業務は、以下のものである。
① 目標の効率的達成に必要な環境、基盤の整備
② 情報収集及び実効性確保のための要人との打合せ
③ 監査方針と監査目標の設定、監査計画の作成と実行
　　（監査リスク・ベースの手法を活用）
④ 適切な個別監査の実施に必要な管理、監督、指揮
　　（費用対効果を考慮した実施、監査リスクの低減、全体
　　最適の意見に配慮）
⑤ 監査品質の確保に必要な点検、評価、添削、指導
⑥ 監査人の業務取組意欲の向上に有効な人事評価

基盤整備及び要人との面談

1 実効的実施のための基盤整備

(1) 監査部員の義務の周知
＊義務感、責任感、正義感、平衡感を持ち、達成感と満足感を得られる監査を実施する。
＊専門職としての懐疑心を持ち、正当な注意を払い、公正不偏の態度で（客観性を持って）監査を実施する。
＊監査のQCDを達成するため（実効的監査を、最少の費用で、期限内に完了）、適切（効果的、効率的、経済的）に監査を実施する。
　　QCDとは製造部署が継続的に追及する生産の3条件であり、監査部にも同様のものが求められている。
- Quality（品質）　　　：監査品質の確保（監査リスクの抑制）
- Cost（原価）　　　　：監査費用の抑制
- Delivery time（納期）：提出期限の遵守

＊監査リスクを低い水準に抑え、かつ監査意見の合理性を確保するため、監査証拠を入手し、監査意見と監査証拠を照合して、監査意見の合理性及び監査証拠の証拠力を吟味する。
＊監査目的に適合する監査を実施して、監査先の利益に適う監査意見を提供し、かつその実現に導く。
＊経営者の懸念事項及び関心事についての検証結果を並びに経営判断に役立つ有用情報等を、適時かつ的確に提供する。
＊裁判における証言等の正当な理由なく、業務上で知り得た秘密を漏洩及び盗用してはならない。

（2）　監査手続書等の作成

＊監査手続書（遵守すべき手続の手引書）

＊監査手順の理解に役立つ監査マニュアル

2　実効性確保のための要人との打合せ

（1）　経営執行責任者との打合せ（毎月１回１時間）

＊個別監査の監査意見で重要な事項についての説明

＊監査意見の実現に必要な支援がある場合その要請

＊次回以降の監査に有用な重要情報及び要望事項の聴取

（2）　業務担当役員との打合せ（３乃至６か月に１回１時間）

＊経営執行責任者との定期的打合せの内容に同じ

（3）　監査役との打合せ（毎月１回２時間）

＊第３章のⅦの２及び４を参照

（4）　外部監査人との打合せ（３乃至６か月に１回１乃至２時間）

＊第３章のⅦの３及び５を参照

3　実効性確保のための監査先関係者との面談

（1）　監査先主管者との往査事前面談

＊監査の目的、日程、手続、事後に交信する文書等の説明

＊監査先の組織、業務、内部統制に関する懸念事項等の聴取

＊個別内部監査に対する要望の聴取

＊（質問による）管理・監督義務を遂行しているかどうかの点検

＊監査先責任者の監査意見への適切対応のための監督の依頼

監査先主管者とは、以下の者を意味する。

- 監査先が社内組織の場合：当該部門の経営を統括する本部長等
- 監査先が支社（又は支店等）の場合、支社長（又は支店長等）
- 監査先が子会社等の場合：当該会社の管理を統括する主管部長

　この面談には、個別監査の実施者（実施責任者、担当者、補助者）を同席させる。

　余談ながら、往査終了後（厳密には、監査概要報告会終了後）に個別監査の実施者が監査先主管者と再度面談する。

＊監査先への往査結果の概要及び暫定的監査意見の説明
＊監査先責任者の監査意見への適切対応のための監督の念押し

(2)　監査先責任者との往査時面談

＊監査の目的、日程、手続、事後に交信する文書等の説明
＊組織運営上の懸念事項の聴取
＊個別内部監査に対する要望の聴取
＊監査意見への対応の時期及び具体策を記載した回答書発行の依頼
＊回答書への記載事項の実行（対応策の実現）の依頼
＊（質問による）管理・監督義務を遂行しているかどうかの点検
＊監査人では訊き難い重要な事項及び微妙な事項等の聴取

　この面談には、個別監査の実施者（実施責任者、担当者、補助者）を同席させる。

　往査終了直前に個別監査の実施者が監査先主管者と再度面談する。

＊往査結果の概要及び暫定的監査意見の説明
＊それに対する意見の聴取
＊監査結果通知書に対する対応策を記載した回答書発行の念押し
＊回答書への記載事項の実行（対応策実現）の念押し

II 監査基本方針の策定、監査実施計画の作成

3月決算の会社を想定して解説すると、以下の通りである。

1 事前に把握して置くべき事項

(1) 監査先一覧表の作成
 ＊監査先候補の数
 ＊監査候補先の重要度、組織規模、主要業務の概要、固有リスク
 ＊監査実施上の優先度、難易度、リスク度（監査リスクの程度）

(2) 監査人一覧表の作成
 ＊監査人の数
 ＊監査人毎の熟練度、特技、資格等

2 監査基本方針の策定

　監査部長等は、翌年度に実施する内部監査の監査目標と監査基本計画から成る監査基本方針を策定し、1月中に取締役会の承認を取得する。
　監査実施国の天候異変、治安悪化等の都度監査計画の変更を附議しなくて済むよう、監査基本方針だけを取締役会に附議する。

[1] 監査企図（監査目標）
　個別監査で把握した異常な事態並びに同業他社で発覚した損失及び不祥事等を勘案して、翌年度以降実施する個別監査で重点的に検証、発見、解消すべき主要な監査企図（監査目標）を設定する。

重点的に検証する事項として、例えば、以下の体制及び態勢の不備並びに違反の有無がある。

＊労務管理
- 法定労働時間を超える残業
- サービス残業処理

＊情報管理
- システム・セキュリティ
- 情報の持出
- 情報の漏洩

＊ラベル表示
- 原産地の偽装
- 成分の偽装
- 製造年月日の偽装

＊毒劇物の管理
- 混入
- 漏出
- 持出

＊安全保障貿易管理
- 提出漏れ
- 記載漏れ

＊産業廃棄物処理
- 違法投棄
- 無許可の業者への委託

＊内部統制評価
- 表層的評価
- 形式的評価
- 主観的評価（非客観的評価）

〔2〕　**監査基本計画**

　翌年度に実施する個別監査の基本計画を作成する。

＊個別監査の実施件数の決定

＊監査先の決定

〔3〕　**監査基本方針**

　〔1〕及び〔2〕を基に、翌年度の監査基本方針を策定する。

　監査基本方針には、監査先及び実施時期の変更による取締役会への再附議を避けるため、○○部××件、○○会社××件と記載する。

　実効を上げる内部監査は、次に述べる事由で、4年又は3年に1回の頻度で3か月又は2か月をかけて、実施するのが適当である。

＊監査リスク・ベースの監査では、頻度よりも、濃度が重要である。

  • 点だけを追う検査は1か月間に何件も実施可能であるが、実効を上げる多面的・複合的監査を実施するためには2か月を要する。

  • 継続企業としての存続を危うくする重大な事業リスクは、検査を実施しても容易に発見できるものではない。

  • 多額の損失及び不祥事等をもたらす要因をはらんで潜在している事業リスクは、現代の実践的内部監査を適切かつ有効に実施しなければ、容易に発見できるものではない。

＊内部監査を毎年実施しても、期待した効果が上がらないどころか、以下のような、逆効果をもたらすリスクが高くなる。

  • 監査頻度を高めると（＝監査周期を短縮すると）、十分な検証ができなくなり、監査リスクを高める。

  • 監査人が、昨年の監査で或いは熟練の監査人が監査を実施しても何も出てこなかったのだから監査先に異常な事態がない筈と決め付け、異常な事態が潜んでいても発見できない。

  • 監査先が、毎年監査済で業務に支障が出るとの不満を持つ。

このことは、次頁の3種の日程表からも明白である。

図表5：個別内部監査の日程表

① 3か月に1回実施する場合

項　目	2月	3月	4月	5月	6月
事前的予備調査の実施	----	----			
監査業務計画書の作成	----	----			
監査実施通知書の発送		●			
本格的予備調査の実施			──		
往査実施通知書の発送			●		
監査実施手順書の作成			──		
監査予備調書の作成				──	
往査事前説明会の開催				●	
監査先主管者との面談				●	
実地監査の実施				──	
監査概要報告書の作成				─	
監査概要報告会の開催				●	
監査先主管者との面談					●
監査調書の作成					──
監査結果通知書の作成					──
監査報告書の作成					●

② 2か月に1回実施する場合

項　目	2月	3月	4月	5月	6月
事前的予備調査の実施	----	----			
監査業務計画書の作成	----	----			
監査実施通知書の発送		●			
本格的予備調査の実施					
往査実施通知書の発送			●		
監査実施手順書の作成			──		
監査予備調書の作成			──		
往査事前説明会の開催			●		
監査先主管者との面談					
実地監査の実施				──	
監査概要報告書の作成				─	
監査概要報告会の開催				●	
監査先主管者との面談					
監査調書の作成				──	
監査結果通知書の作成				──	
監査報告書の作成				─	

③ 1か月に1回実施する場合

項　目	2月	3月	4月	5月	6月
事前的予備調査の実施	----				
監査業務計画書の作成	----				
監査実施通知書の発送		●			
本格的予備調査の実施			―		
往査実施通知書の発送		●			
監査実施手順書の作成			―		
監査予備調書の作成			―		
往査事前説明会の開催					
監査先主管者との面談					
実地監査の実施			―		
監査概要報告書の作成					
監査概要報告会の開催					
監査先主管者との面談					
監査調書の作成			―		
監査結果通知書の作成			-		
監査報告書の作成			-		

　実効を上げる内部監査を実施するには、理想的には3か月、最低でも2か月が必要である。1か月で1件の個別監査を毎年実施するよりも、3年に1回又は2年に1回実施する方が遥かに有効なものとなる。

　1か月間では有効な予備調査ができないだけでなく、監査予備調書も監査調書も満足に書けないため、チェック・リストを用いた点検だけで終わってしまい、会社の存続を危うくする多額の損失をもたらす重大なリスクが潜んでいても発見できない。

　チリやホコリを払う程度の簡単な掃除よりも大掃除をする方が重要であることを理解して実効のある内部監査を実施しないと、表層的点検と形式的報告を繰り返すことになる。

　上掲の3種類の日程表は、あくまでも参考としての例示であり、手を加えて自社に相応するものに仕上げることが肝要である。

3　監査部予算の作成

　向こう３年間の監査計画及び監査人の異動を勘案して、次の計画を作成する。

[1]　監査要員計画
[2]　監査要員育成計画
[3]　監査費用計画

　　監査部要員数、給与、賞与、監査要員育成費用、個別監査実施費用（監査実施件数、監査先の所在地、出張費等）を勘案して、監査費用計画を作成する。

4　監査実施計画の作成

　１月中に翌年度に実施する個別監査の実施計画を作成する。

（1）　監査実施計画の構成要素

　監査実施計画は、個別監査の実施期間毎に、実施先の名称、実施先毎の実施者の氏名、実施上の留意事項等を記載して、監査基本計画を具体化したものである。

（2）　監査実施計画の作成要領

[1]　監査実施先の選定

　監査実施先は、以下を勘案して選定する。

＊監査候補先の重要度、組織規模、主要業務の概要、固有リスク

＊監査実施上の優先度、難易度、リスク度（監査リスクの程度）

＊経営者執行責任者及び監査役等の要望、懸念事項、関心事項

＊社内組織毎の子会社等の数、当該監査の難易度及びリスク度

親会社内の組織とその監督下にあって連結損益で関係している子会社等を同一年度中に連続して統合的監査を実施することにより、親子間の損益及び資産等の貸借を看過する監査リスクを低く抑える。

[2]　監査実施者の選定

監査実施先毎の監査実施者は、以下を勘案して選定する。

＊監査候補先の重要度

＊監査実施上の優先度、難易度、リスク度

＊監査人の数、監査人毎の熟練度、特技、資格等

[3]　監査の実施先、実施者、実施件数の決定

[1]及び[2]を基に、翌年度分を決定する。

5　監査実施計画の開示

監査部長等は、監査部員に対して、個別監査開始月の2か月前に当該監査の実施計画を開示する。その理由は、以下の通りである。

＊開始月の1か月前に監査実施通知書を監査先に送付させるため。

＊同通知書に記載する資料を開始月以前に送付して貰うため。

　本格的予備調査（実地監査の準備としての予備調査）は監査先から資料を入手することによって開始が可能となる。

＊これらのための事前的予備調査を実施させるため。

上記の事項を図で示すと、以下の通りである。

項　目	2月	3月	4月	5月	6月
事前的予備調査の実施	-----	-----			
監査業務計画書の作成	-----	-----			
監査実施通知書の発送	●				
本格的予備調査の実施					

監査実務における管理業務

　監査部長等は、監査のQCDを達成するため、監査リスクを抑えるため、監査の実効性を確保するため、予備調査の段階から個別監査業務の進捗状況を随時に及び定時に、以下の管理、監督、指導に取り組み、適宜に必要な処置（コントロール）を施す。

1　往査事前説明会における点検、評価、指導

　監査予備調書及び監査実施手順書に基づき、監査要点の適切性、監査要点の検証手続、往査日程の妥当性を点検及び評価して、必要な助言、指導、指示を与える。予備調査が不十分と判断すればその続行（往査の延期）を命じる。

2　監査概要報告会における点検、評価、指導

　監査要点検証の適切性、監査証拠の有無及び証拠力の十分性、暫定的監査意見の適切性を点検及び評価して、必要な指示及び指導を与える。監査手続が不十分と判断すれば監査の続行を命じる。十分と判断すれば監査調書の作成を命じる。

3　監査調書の点検、添削、評価、指導

　記載内容の適切性、暫定的監査意見の合理性、文章表現の適切性等を点検、評価、添削する。

4　監査結果通知書の点検、添削、送付

　誤字の有無及び記載内容の適切性を点検し、文章を添削する。添削が一段落ついた段階で事実誤認の記載の有無の確認を監査先責任者に依頼するよう命じる。

　完成すれば、監査先の責任者に送付し、その写を監査先組織の主管者（業務担当役員、本部長、部長）、管理部署等の関係先責任者に送付する。

5　監査報告書の点検、添削、提出

　誤字の有無及び記載内容の適切性を点検し、文章を添削する。

　完成すれば、経営執行責任者に提出し、その写を監査先組織の主管者（業務担当役員、本部長）、監査役に送付する。

---

column8　ライン組織とスタッフ組織

　事業体の主業務を直接執行する職能を有して、階層化されたピラミッド型の指揮系統を持っている部署をライン組織と言う。

　ライン組織の業務執行に対する助言を業務とするが、指揮権を持たない部署をスタッフ組織と言う。監査部はスタッフ組織の1つである。

　ナポレオンは、ラインだけで編成した軍隊を号令で指揮していた時代にラインとスタッフ（参謀）を活用した命令戦法と各個撃破作戦を駆使して、ヨーロッパを席巻した。

　プロイセン軍は、敗因の究明によって、命令戦法の弱点を発見し、戦略兵団（ディビジョン）編成と訓令戦法によって、フランス軍を撃破した。

図表6：内部監査組織の主要業務

　内部監査組織の主要業務を、3月決算の会社かつ2か月の監査期間の場合を想定して、フロー図で表すと、以下の通りである。

◎：監査部長等の業務
○：監査人の業務
●：両者の業務

1月中	◎年度監査方針の策定及び取締役会への附議

↓

1月中	◎個別監査の公表（＝監査先毎の担当監査人の任命）

↓

2月中	○事前的予備調査の実施、○監査業務計画書の作成 ○監査実施通知書の送付

↓

3月中	○必要資料及び情報の入手

↓

4月上旬～中旬	○本格的予備調査の実施、○往査実施通知書の送付

↓

4月中旬	○監査実施手順書の作成、監査予備調書の作成・提出

↓

4月中旬	●往査事前説明会の開催（●監査先主管者との面談）

↓

4月下旬	○実地監査の実施

↓

| 5月上旬 | ●監査概要報告会の開催、(○監査先主管者への説明) |

↓

| 5月中旬 | ○監査調書の作成・提出、◎監査調書の添削 |

↓

| 5月下旬 | ○監査結果通知書の作成、◎同書の添削、○同書の送付 |

↓

| 5月下旬 | ○監査報告書の作成、◎同書の添削、○同書の提出 |

↓

| 6月中旬 | ○回答書の入手及び記載内容の検討、○フォロー・アップ実施時期の設定 |

↓

| 7月～12月 | ○フォロー・アップの実施 |

↓

| 7月中(上半期分) | ◎取締役会への監査結果の報告 |

↓
↓

| 1月中(下半期分) | ◎取締役会への監査結果の報告 |

この間に、以下の通り、第2回から第6回の個別監査も実施される。

| 3月中 | ◎第2回　個別監査の公表(＝監査先毎の担当監査人の任命) |

↓

| 4月中 | ○第2回　事前的予備調査の実施、○監査実施通知書の送付 |

↓
↓

| 11月中 | ◎第6回　個別監査の公表(＝監査先毎の担当監査人の任命) |

↓

| 12月中 | ○第6回　事前的予備調査の実施、○監査実施通知書の送付 |

219

図表7：監査担当者と監査部長等の基本的業務の関係

監査担当者の基本的業務	監査部長等の基本的業務
	1．監査基本方針・監査実施計画の作成
	2．監査方針の取締役会宛附議（1年毎）
	3．年度監査計画の公表
1．予備調査の業務 （1）　予備調査の実施 （1-1）　監査目標の設定 （1-2）　監査要点の設定 （1-3）　監査範囲・監査項目の設定 （2）　監査実施手順書の作成 （3）　監査予備調書の作成	4．予備調査の業務の点検 （1）　往査事前説明会における点検、評価 （2）　監査先主管者との面談
2．本格監査の業務 （4）　実地監査の実施 （4-1）　監査要点の検証 （4-2）　監査証拠の入手 （4-3）　監査意見の形成 （5）　監査調書の作成	5．本格監査の業務の点検 （3）　監査先責任者との面談 （4）　監査概要報告会における点検、評価 （5）　監査調書の点検、添削、評価
3．意見表明の業務 （6）　監査結果の通知及び報告 （6-1）　監査結果通知書の作成 （6-2）　監査報告書の作成 （7）　回答書の入手 （8）　フォロー・アップの実施	6．意見表明の業務の点検 （6）　監査結果通知書の点検、添削、送付 （7）　監査報告書の点検、添削、提出 （8）　アンケート回答の入手 （9）　内部評価の実施（個別監査毎）
	7．監査結果の取締役会宛報告（半期毎）
	8．外部評価の実施（5年毎）
	9．重要人物との面談

# 内部監査の手続と管理業務

1 監査人の監査手続と部長等の管理業務

(1) 予備調査の業務

有益な監査意見の形成の可否は、予備調査で、異常な事態を効率的に発見できるかどうかにかかっている。

内部監査人は、予備調査を網羅的かつ遺漏なく実施して、有益な監査意見の基礎となる異常な事態の検証及び確認を効果的かつ効率的に実施するために適切な監査要点を設定して置かなければならない。

[1] 事前的予備調査の実施

担当を任された個別の監査先について、前回の監査調書及び直近の自己点検結果等の手持資料を基に、事前的予備調査を実施する。

事前的予備調査は、手持資料を基に、監査先組織の沿革及び現状の把握並びに監査要点の設定等に必要な資料の事前送付依頼を兼ねた、監査実施通知書の作成を主目的とし、監査先等から必要な資料を入手する（本格的予備調査への切替）まで行なう書面調査である。

[1-1] 手持資料の閲覧による監査先の概要把握

事前的予備調査で、監査先の組織の概要（名称、所在地、代表者、沿革、業種、業態、業容、業績等）、内在している固有リスクの種類及び規模、内部統制の有効性等を暫定的に把握する。

[1-2] 監査業務計画書の作成

監査業務計画書は、個別監査の目標、実施時期、範囲、監査資源の配分を内容とした計画書であり、大まかな日程を組み、徐々に詳細に仕上げて、適当な時点で後述する監査実施手順書に変換する。

[1-3]　監査先の監査受入責任者との連絡

監査業務計画を基に監査先と連絡を取り、監査実施上の障害の有無及び適当な往査実施時期を確認し、監査受入責任者を決めて貰う。

[1-4]　監査実施通知書の作成及び送付

以上の事前的予備調査を基に、監査実施通知書及び資料送付依頼書（本格的予備調査の実施に必要な文書及び記録等必要資料のリストを記載又は別紙として添付）を作成し、監査先責任者に送付する。

監査実施通知書は、監査先責任者に対して、監査の実施、監査実施担当者の氏名、監査の実施範囲、実地監査の実施予定時期等を通知し、監査の円滑実施への協力及び予備調査に必要な資料の送付を要請する監査部長の書信である。

実地監査の実施場所及び日程、面談の対象者及び時間割等の詳細については、後日、往査日程通知書で通知する。

[1-5]　監査先及び関係部署からの資料及び情報の入手

監査先等から、本格的予備調査に必要な資料及び情報を入手する。

[2]　本格的予備調査の実施

入手した資料及び情報を使用して、本格的予備調査を実施する。

本格的予備調査の目的は、監査先の直近の組織及び業務等の把握、重要な固有リスクの把握、内部統制の有効性の暫定的評価にある。

早い段階で調査範囲を絞り込むと監査リスクを抱えてしまうので、網羅的に行ない、徐々に重要な監査対象を絞り込んでいく。

[2-1]　資料及び情報の調査による疑問及び懸念の感知

監査先及び関係部署から入手した任務、権限、計画、予算、実績、契約、受渡、決済、限度、極度、申立、報告、会計帳簿等の記録及び関連書類の閲覧、財務諸表の数値の点検、加工、分析、突合、比較、評価、確認等により、組織、業務、内部統制の現状に対する疑問及び懸念を感知する。

[2-2] リスク及び内部統制の暫定評価

　組織、業務、内部統制の現状に対する疑問及び懸念を感知した監査対象を更に掘り下げて調査し、監査先の事業計画の達成、事業の継続、組織の存続等を阻害する（特に、多額の損失をもたらす）要因を持つ固有リスクを特定する。

　業務上のムリ、ムラ、ムダ、未対処の重大なリスク、誤謬、怠慢、不正等の異常な事態を特定し、内部統制の有効性を暫定評価する。

　異常な事態の発生を予防、発見、是正できない統制リスクの程度を検討し、暫定評価する。

　内部統制の不備によって固有リスクが現実化する可能性及び現実化した場合の損失の度合並びに内部統制の有効性を勘案し、通常の監査手続では看過する懸念のある発見リスクの水準を暫定的に把握する。

　内部統制の（有効性の）評価は、有効でないために発生する異常な事態の有無及びその程度の確認によって可能となる。

[3] 監査目標の設定

　固有リスクと統制リスクを勘案して、監査意見として指摘及び提言すべき事項の心象を形成し、具体的監査目標として設定する。

　資料の閲覧、数値の分析、突合、比較等を行なうと、異常な事態が発生しているのではないか、未対処の重大なリスクが存在しているのではないかとの疑問及び懸念が浮かんでくる。

　監査目標は、斯かる疑問及び懸念を検証し、事実であればそれらの異常な事態の抜本的解消に有効な施策を提言して実現させようとするものであり、監査先毎に異なる。

[4] 監査要点の設定

　発見リスクの水準が高いと判断した監査対象を、本格監査（特に、実地監査）で重点的に検証する監査要点として設定する。

監査要点は、監査目標とした疑問及び懸念事項を実地監査における重点的検証事項として設定するものであり、監査先毎に異なる。

監査要点の設定及び検証の具体的要領については2で後述する。

監査要点については、監査人の間に認識の相違があってはならないので、監査項目を羅列するのでなく、文章で具体的に纏める。

監査要点は、疑問及び懸念を具体的仮説として纏めることによって異常な事態の概要、そのまま放置すると発生するであろう損失、その規模等が明確になり、その当否の検証も容易となる。

[5] 監査範囲及び／又は監査項目の設定

監査要点として設定する必要はないが、本格的予備調査で把握した監査先の業務の現状から判断して、実地監査で当然に検証すべき監査範囲（監査の対象範囲）及び／又は監査項目を設定する。

[6] 監査技術及び手続の選択並びにその適用範囲及び時期の決定

本格監査における監査要点の当否の検証、監査範囲及び監査項目の点検、監査証拠の入手のために適用すべき監査技術及び手続について目的適合性を検討して選択し、適用範囲及び適用時期を決定する。

[7] 往査日程通知書の作成及び送付

検証すべき監査要点並びに点検すべき監査範囲及び監査項目を勘案して、往査（実地監査）の場所及び日程を選定する。

監査先の監査受入責任者と打ち合わせて実地監査の場所及び日程、面談時間等を決定し、往査日程通知書（監査実施責任者の書信）で、監査先責任者に通知する。

[8] 監査実施手順書の作成

以上の本格的予備調査を基に、監査実施手順書を作成する。

監査実施手順書は、実施する監査手続の日程及び時間割等の段取を詳細に纏めた予定表であり、実地監査の効率的実施、監査手続の進捗状況の確認、監査調書の基礎等に使用する。

予備調査の初期の段階では大まかな日程を組み、徐々に詳細に亙る時間割に仕上げていく。

[9]　監査予備調書の作成及び提出

監査先の組織及び業務等の概要、設定した監査目標及び監査要点、設定した理由、監査範囲及び／又は監査項目、往査の場所及び日程、監査費用の概算、監査実施計画等の本格的予備調査の結果を記載した監査予備調書を作成し、監査部長の承認を得る。

重点的検証のために設定した監査要点については、何を根拠にどのような事態を懸念し、どのような監査技術を適用して検証するのか、どのような監査証拠の入手によって、どのような監査意見（指摘及び提言）を形成しようと考えているのかを詳細に記載する。

監査要点として具体的な仮説に纏めるほど重要ではないと判断した点検事項は、監査範囲及び／又は監査項目として設定する。

監査予備調書は、監査リスクを低い水準に抑制する目的で監査部長等が点検するために必要かつ監査人が正当な注意を払って予備調査を適切に実施したことを証明する重要な文書である。

往査事前説明会に備えて、所定の日限までに、監査予備調書（監査実施手順書を含む）を監査部長等に提出する。

[10]　往査事前説明会の開催＝予備調査の終了

往査事前説明会は、監査人が予備調査の顛末について説明し、監査予備調書書の記載内容及び実地監査実施手続等の適切性の点検及び助言を受けるため並びに実地監査の実施について監査部長の承認を得る目的で開催する。

監査部長は、監査要点、検証手続、往査日程等の妥当性及び費用対効果等を点検及び評価して、必要な助言、指導、指示を与える。

予備調査が不十分と判断すれば、予備調査の続行（往査の延期）を命じる。

(2) 本格監査の業務

[1] 実地監査の実施

実地監査は予備調査で設定した監査要点の当否の確認、予備調査で感知した疑問及び懸念の解明を目的に実施するものであり、監査先の組織及び業務の法令、社内規程、基準への適合性、有効性、効率性、妥当性、内部統制の態勢の有効性等の検討並びに異常な事態の有無の検証を重点的に行なう。

[1-1] 監査先責任者との面談による実地監査の開始

実地監査を円滑に実施するために、監査部長と担当監査人が監査先責任者等と面談して、監査の目的、日程、手続等の説明、監査の円滑実施への協力及び監査意見に対する措置等を記載した回答書の提出の要請、重要事項についての聴取等を行なう。

[1-2] 組織の責任者及び担当者との個別面談による監査要点、疑問、懸念事項等の聴取及び証拠（裏付資料等）の入手

監査人が、監査先責任者及び担当者と個別に面談して、監査要点、疑問、懸念事項等について質問し、面談相手から回答を貰い、回答の裏付資料を入手し、回答内容が事実かどうかを確認する。

[1-3] 監査技術及び手続の適用による事実の確認及び証拠の入手

重要な資産勘定の実査、現場の視察、帳簿、記録、文書等の検証によって、予備調査で設定した監査要点の当否の確認並びに予備調査で感知した疑問及び懸念の解明を行ない、異常な事態の存在を確認したときは、監査意見の合理性を立証する監査証拠を入手し、その原因を究明する。監査要点の当否は、監査証拠の入手によって確認する。

[2]　暫定的監査意見の形成及び吟味

　先ず、実地監査で実在を確認した異常な事態の原因及び実情の指摘並びに斯かる事態の抜本的解消に有効な施策の提言という形で、監査意見を形成する。次に、監査証拠の証拠力を吟味し、最後に、暫定的監査意見の合理性及び監査証拠との整合性を吟味する。

[3]　監査先責任者との面談による暫定的監査意見の開示及び確認＝
　　　実地監査の終了

　監査人が、監査先責任者等に監査結果の概要及び暫定的監査意見を説明し、質疑応答を行ない、納得を得た上で、実地監査を終了する。

[4]　反面調査及び監査証拠との照合による事実の確認

　実地監査で確認できなかった事項を、関係先に対する照会及びその他の資料との照合により、確認する。

[5]　監査概要報告書の作成及び提出

　監査概要報告会に備えて、監査概要報告書を取り纏め、所定の日限までに、監査部長等に提出する。

[6]　監査概要報告会の開催＝監査部監査意見の確定

　監査概要報告会は、監査人が、実地監査の顛末、暫定的監査意見、監査証拠について説明し、それらの点検及び助言を受けるため並びに監査調書の作成について監査部長の承認を得る目的で開催する。

　監査部長等は、監査要点等の検証手続、監査証拠の証拠力、暫定的監査意見の妥当性等を点検して、必要な助言、指導、指示を与える。

　監査部長は、監査の方法及び結果が十分と判断すれば、暫定的監査意見の全体最適性を検討して監査部としての監査意見を確定し、監査調書の作成を許可する。不十分と判断すれば監査の続行を命じる。

事実誤認に起因する誤った監査意見の表明又はその訂正及び撤回は
監査リスクの現実化であるから、監査人は、監査意見の合理性を立証
する有力な証拠資料を入手して誤認がないかどうかを入念に検討し、
監査リスクを低い水準に抑えなければならない。

[7]　監査調書の作成、点検、完成＝本格監査の終了

　監査人が、予備調査及び本格監査の顛末並びに監査意見を監査調書
として取り纏め、**監査部長等の点検及び添削を受けて、**完成する。

　監査の顛末については、予備調査でどのような事態に疑念を持ち、
本格監査でどのように検証し、どのように判断して、どのような監査
意見を形成したのか等を詳細に記載する。

　指摘及び提言しない事項についても、同様に記載する。この記載を
怠ると、検証した事項であっても、していないと看做されてしまう。

　監査調書は、監査リスクを低い水準に抑制する目的で監査部長等が
点検するために必要な文書であり、かつ監査人が正当な注意を払って
内部監査を適切に実施したことを証明する重要な文書である。

(3)　意見表明の業務

　**監査結果通知書及び監査報告書は、監査部長名で監査先責任者及び
経営執行責任者等に送付する重要な文書であるから、監査部長等が、
文書の体裁、表現、論理構成、用語、用字等が適切であるかどうかを
入念に点検しなければならない。**

[1]　監査結果通知書の作成、点検、完成、送付

　監査人が、当該個別監査の結果、監査意見、回答書の送付依頼等を
監査結果通知書として取り纏め、**監査部長等の点検及び添削を受けて**
完成し、監査先責任者に送付する。

　監査結果通知書の表書で、監査意見への対処の方法及び時期を明記
した回答書の提出を要請する。

監査意見については、重要な事項及び緊急対応が必要な事項に限定して、項目別に、重要性の順番で記載する。

　監査結果通知書については、原稿の段階で監査先責任者に開示し、記載事項に事実誤認がないかどうかの確認をとるのがよい。
　同様に、回答書についても、記載事項の具体性及び時間軸の記載の有無を確認するために、原稿の段階で開示して貰うのがよい。
　監査結果通知書において「指摘事項の外に重大な誤謬、不備、問題、未対処のリスクは発見されなかった」と明記しなくても「指摘事項の外に重大な誤謬、不備、問題、未対処のリスクは発見されなかった」という合理的保証を与えることになるので、注意を要する。

[2]　監査報告書の作成、点検、完成、送付＝意見表明の終了

　監査人が、個別監査の概要及び監査意見を監査報告書に纏め、**監査部長等の点検及び添削を受けて完成し**、経営執行責任者に提出する。
　監査報告書は、実施した個別の内部監査の概要及び結果等について経営執行責任者に報告する文書であるから、正確性、客観性、簡潔性、明瞭性、品格性、適時性が求められる。
　監査人は、監査結果通知書への記載事項の重要部分を凝縮要約し、経営に及ぼす影響の大きいものに絞り、重要性の高い順に記載する。

[3]　回答書の入手及び検討

　所定の期限（例えば、監査結果通知書の発送日から起算して2週間以内）に監査先の責任者から監査意見（異常な事態の抜本的解消策）への対処の具体策及び期限を明記した回答書を入手して、記載内容の妥当性及び実現の可能性等を検討し、フォロー・アップの実施時期を設定する。

[4] フォロー・アップの実施

　回答書に記載された具体策が監査先によって実行され、実現したか（内部監査の実効を上げることができたか）どうかを確認するために、回答書に記載された所定の時期にそのフォロー・アップ（回答事項の履行状況の点検及び確認）を実施する。

　検証結果については、フォロー・アップ報告書に記載して監査部長等に提出する。

　フォロー・アップとは、監査意見に対する回答事項を監査先が実現したかどうかを一定時点で確認する業務であり、監査先に回答事項を履行させるために追加的に実施するフォロー・アップ監査とは意味が異なるので、注意を要する。

　内部監査は、フォロー・アップによる実効の確認をもって完結する。

2　監査要点の設定と検証の要領

① 予備調査における組織及び業務の概要把握の過程で、収集した資料（計画、契約、限度、極度、記録等）の閲覧により、多額の損失及び不祥事をもたらす業務上の重大なビジネス・リスクを特定する。

② 収集した資料（任務、権限、計画、予算、実績、契約、受渡、決済、限度、極度、申立、報告、会計帳簿等の記録及び関連する書類等）の閲覧、数値の点検、加工、分析、突合、比較、評価、確認等により、内部統制の有効性を暫定的に評価する。

③ 監査目標を達成するために監査先の何についてどのように検証するのかを明確に認識し、疑問を抱いた事項及び懸念した事項（監査先の組織及び業務に潜在している可能性が高いと推定した、ムリ、ムラ、ムダ、誤謬、怠慢、不正、未対処の重大なビジネス・リスク、全般的内部統制の不備等の異常な事態）を、実地監査で重点的に検証すべき監査対象として絞り込む。

④ 絞り込んだ監査対象について、それらがどのような状態にあるか、それらをそのまま放置するとどのようになるか等を想像して幾つかの具体的仮説を立て、これらの仮説を本格監査で重点的に検証する監査要点として設定する。

⑤ 実地監査における面談（＝質問＋回答＋裏付書類による事実確認）、実査（＝実物検査）、入手資料の閲覧、関連資料との突合（＝照合）及び比較、年齢調べ等の監査技術及び監査手続の適用により、仮説の当否を確認し、それを立証する監査証拠を入手する。

斯かる検証の結果、仮説を肯定する監査証拠を入手すれば、早急に対処すべき異常な事態の存在を確認したことになるので、当該事項について指摘及び提言する。

仮説を否定する監査証拠を入手すれば、異常な事態が基本的に存在していないことを確認したことになるので、指摘及び提言しない。

3 実効を上げるための要件、手続、要領

内部監査とは事実を確かめそれを基に形成した監査意見を監査先及び経営執行責任者等に伝える業務であるから、内部監査の基本を頭に叩き込み、監査マニュアルに頼らず思考を凝らして事実を多面的に検証し、監査意見を正確にかつ明瞭に伝達することが肝要である。

① **内部監査組織の監査目的の明確化**

経営目標の達成を支援することにより、健全かつ継続的発展という事業目的の実現を支援する。

② **内部監査の基本知識の習得**

⑴ 社内規程の整備状況だけでなく、その内容の網羅性、適正性、有効性等も点検する。

⑵ 社内規程に準拠しているか否かだけでなく、準拠していない理由及びできない原因を究明する。

231

(3) 契約⇒受渡⇒決済と連続する業務の有効性及び上司による当該業務における日常的モニタリングの有効性を点検する。

(4) 業績の分析及び比較によって業績の成長性、事業収益の十分性、継続企業（又は社内組織）としての存続能力の十分性を検証する。

(5) 潜在している異常な事態を遺漏なく発見し、その発生原因を究明し、その抜本的解消に有効な施策を提言する。

③ **基本知識の応用のための監査技術及び監査手続の習得**

閲覧、趨勢分析＝勘定分析（実数分析＋比率分析）、突合、比較、年齢調べ、面談、実査、立会、視察、確認、質問等を習得する。

④ **個別監査における網羅的予備調査の実施**

予備調査においては、先ず山を**見る**、次に森を**観る**、そして木を**視る**。

(1) 監査先の組織、業務、業務目標、実績、固有リスクの概要把握

(2) 重要な固有リスクと内部統制の評価による重要な統制リスクの識別

(3) 適切な監査目標及び監査要点の設定

(4) 監査目標に適合した監査手続の選択及び適用

(5) 監査目標に適合した監査実施手順書の作成

⑤ **実地監査における監査の基本知識の活用及び監査技術の適用による監査要点の当否の検証**

実地監査においては、監査技術及び手続を活用して木を**視る**、異常な事態については枝を**診る**。

(1) 実態の把握、事実の確認

監査証拠の入手によって把握及び確認をする。

監査証拠を入手できない場合は、論理的合理性を検討する。

＊物事を、思考を凝らしながら、広く、深く、かつ多面的に見る。

＊物事の外見ではなく、実質を見抜き、実体及び実態を見極める。

(2) 業務の適否及び良否等の評価

法令、規則、社内規程、基準と実態の突合により、適法性、正確性、効率性を検討する。

(3) 業務の有効性の評価

　　目標と実績等の成果の差異を把握し、目標を達成しているかどうかを評価する。目標を与えられていない場合、又は設定していない場合は、有効に機能している証拠又はしていない証拠を入手し、効力を発揮しているかどうかを検討する。

(4) 業績の趨勢の評価

　　連続する3つ乃至5つの時点の数値の趨勢分析を実施する。

　　物事及び会計数値を動的に視て、趨勢又は傾向を把握する。

(5) 監査手続の適用による異常な事態の有無の確認

　　専門職としての懐疑心を持ち、正当な注意を払って調査する。

(6) 異常な事態の原因の究明

　　当該事実を立証する監査証拠を入手する。

(7) 監査証拠の入手による事実の確認

　　経営者の懸念事項及び関心事についての事実を確認する。

⑥　**全体最適の暫定的監査意見の形成**

　　監査人（個別監査の実施者）としての暫定的監査意見を形成する。

　　全体最適の観点で、合理的かつ客観的監査意見の形成に心掛ける。

　　確認した事実と意見を混同したり混同させたりしないよう留意する。

　　＊指摘：異常な事態の原因及び実情

　　＊提言：異常な事態の抜本的解消に有効な施策

　　　提言は、改善措置とは限らない。場合によっては、当該事業からの撤退（子会社の売却及び清算を含む）もある。

⑦　**合理性、客観性、全体最適性の吟味による監査意見の確定**

　　暫定的監査意見と監査証拠の突合により、監査意見の合理性、客観性、全体最適性を吟味して、監査リスクの低減に努める。

　　監査リスクとは異常な事態の看過及び事実の誤認であり、監査人だけでなく、監査組織の責任者及び上位者も点検、吟味、添削して、監査組織としての監査意見を確定する。

⑧ 正確かつ説得力のある監査意見の提供及び監査結果の報告

(1) 監査先責任者に対する監査意見の正確な通知
　　＊監査結果の概要
　　＊監査結果の詳細
　　＊指摘及び提言（項目別かつ重要性の順番で記載）

(2) 経営執行責任者に対する監査結果の正確な報告
　　＊監査結果の概要
　　＊指摘及び提言の概要

---

column 9　訓令、命令、号令

組織責任者が自らに課された業務目標を効率的に達成して成果を上げるためには、自身の意図（業務目標）を的確に部下に明示しかつ部下がその意図を的確に理解してその実現に努めなければならない。

意図の伝達方法には以下の3種がある。

訓令：意図だけを明示し、その達成を求める。

命令：意図と具体的任務（起源・手段・方法・手順等）を明示する。

号令：具体的任務だけを明示する。

号令は具体的指示が必要な部下に対して発するものであり、命令すれば確実に任務を達成する部下をできるだけ多く、少数であっても訓令すれば確実に任務を達成する部下を育成することが肝要である。

訓令で動く上級者に意図を伝えれば、その者が命令で動く中級者を活用して号令で動く下級者に指示を与える階層型の指揮系統（ライン）を構築することが可能となる。

これとは別に、ライン業務の有効性をモニタリングするスタッフを育成することにより、ライン・アンド・スタッフ組織の構築が可能となる。

V 内部監査の品質管理及び評価等

1 内部監査の品質管理

監査部長等は、次の事項につき点検、評価、添削、指導を実施する。
＊監査業務への取組姿勢
＊個別監査の進捗度
＊監査技能の習得及び活用
＊予備調査の業務
- 監査業務計画書の作成
    - 計画内容（監査の進め方等の計画）の合理性、効率性
- 監査実施通知書の作成
    - 書式（記載項目等）の適切性
    - 計画内容（監査の日程、請求資料）の適切性、十分性
- 重要な固有リスク及びその内部統制の点検及び識別
    - 点検及び識別業務の有効性、効率性
- 重要な固有リスク、内部統制、統制リスクの評価
    - 評価業務の有効性、効率性
- 監査目標及び監査要点の設定
    - 設定内容の有効性、十分性
- 監査範囲及び／又は監査項目の設定
    - 設定範囲・項目の妥当性、十分性
- 往査日程通知書の作成
    - 書式（記載項目等）の適切性
    - 記載内容（往査の場所・日程・時間割等）の適切性

- 監査実施手順書の作成
  - 書式（記載項目等）の適切性
  - 記載内容（監査の進め方等の計画）の適切性、合理性
- 監査予備調書の作成
  - 書式（記載項目等）の適切性
  - 記載内容（予備調査の実施手順及び内容、監査要点の設定及び検証方法）等の適切性、合理性

＊本格監査の業務
- 監査要点の検証
  - 適用した監査技術及び手続の適切性、合理性
  - 実施した監査要点（の当否）の確認の有効性
  - 入手した監査証拠（及びその証拠力）の十分性

＊監査意見の形成
- 監査意見の検討
  - 監査証拠との突合による監査意見の吟味の有効性、十分性
- 監査調書の作成
  - 書式（記載項目等）の適切性
  - 記載内容（本格監査の実施手順及び内容、監査要点及び監査項目の検証方法、監査意見）の適切性、合理性
- 監査結果通知書の作成
  - 書式（記載項目等）の適切性
  - 記載内容（監査結果の概要及び詳細、監査意見等）の適切性
- 監査報告書の作成
  - 書式（記載項目等）の適切性
  - 記載内容（監査結果の概要、監査意見等）の適切性
- 回答書の入手及び検討
  - 入手時期の適時性
  - 内容検討の適切性

- フォロー・アップの実施
  - 実施時期の適時性
  - 検証方法の適切性

2 内部監査の品質評価

(1) 内部監査の品質

　監査意見が関係者に信頼され、監査先に受け入れられ、監査の実効を上げるためには、内部監査が適切な基準に準拠し、一定の水準以上で、実施されなければならない。

　この観点で実施する内部監査の有効性の評価を内部監査の品質評価と言い、IIAの『内部監査の専門職的実施の国際基準』(以下、IIA基準) は、その目的として以下の3つを掲げている。

＊内部監査活動の有効性の評価

＊IIA基準の遵守状況の評価

＊内部監査機能の向上のための勧告及び助言の提供

　IIA基準は、内部監査の責任者にその品質保証を求めており、上に揚げた「内部監査活動の有効性の評価」はその目的に合致するものである。

　内部監査の品質評価については、IIA編「品質評価マニュアル」及び日本内部監査協会 (IIA-J) 編「内部監査品質評価ガイド」が公表されている。

(2) 品質評価の種類

　内部監査品質評価ガイドは、3種類の品質評価を規定している。

　[1]　内部評価・継続的モニタリング

　　　内部監査部門の管理業務にモニタリング機能を体系的に組み込こんだ日々の継続的品質の評価及び改善

[2]　内部評価・定期的レビュー（1年に1回）
　　　組織体内の評価者による品質の定期的評価

[3]　外部評価（1年乃至5年に1回））

　(1)　フル外部評価
　　　　組織体外の評価者による品質の定期的評価

　(2)　自己評価と独立した検証
　　　　内部監査部門の自己評価及び組織体外の検証者による検証

これら3種の品質評価の概要は、以下の通りである。

[1]　内部評価・継続的モニタリング

　(1)　**評価者**
　　　　内部監査部門の管理者

　(2)　**評価方法**
　　　　各組織体が定め、その管理業務に組み込んだ手順に基づく

　(3)　**実施タイミング**
　　　　日常の管理業務の中で継続的に実施

　(4)　**評価要素**
　　　　内部監査部門の基準への適合性・有効性・効率性の評価中の、
　　　　アシュアランス及びコンサルティングの業務が主な対象

　(5)　**評価結果の報告**
　　　　1年に1回、最高経営執行者、取締役会、監査役（会）に報告

　(6)　**フォロー・アップ**
　　　　課題に対する改善状況をフォロー・アップ

[2]　内部評価・定期的レビュー

　(1)　**評価者**
　　　　内部監査部門長が任命

(2) 評価方法

　　品質評価マニュアル、同等なガイダンス及びツール、内部監査品質評価ガイドを併用して評価

(3) 実施タイミング

　　定期的、1年に1回の実施を推奨

(4) 評価要素

　　基準、倫理綱要、内部監査の定義への内部監査部門の適合性の評価

(5) 評価結果の報告

　　速やかに最高経営執行者、取締役会、監査役（会）に報告

(6) フォロー・アップ

　　課題に対する改善状況をフォロー・アップ

[3-1]　外部評価 – フル外部評価

(1) 評価者

　　組織体外の適格かつ独立のレビュー実施者（内部監査の専門職としての実務及びプロセスに関する有能な個人）

(2) 評価方法

　　品質評価マニュアル、同等なガイダンス及びツール、内部監査品質評価ガイドを併用して評価

(3) 実施タイミング

　　定期的、1年乃至5年に1回

(4) 評価要素

　　基準、倫理綱要、内部監査の定義への適合性の評価
　　内部監査部門の有効性と効率性の評価
　　改善機会の明確化

(5) 評価結果の報告

　　速やかに最高経営執行者、取締役会、監査役（会）に報告

(6) フォロー・アップ

課題に対する改善状況をフォロー・アップ

[3-2] 外部評価－自己評価と独立した検証

(1) 評価者、検証者

評価者：内部評価・定期的レビューの評価者

検証者：組織体外の適格かつ独立のレビュー実施者

(2) 評価方法、検証方法

評価者：品質評価マニュアル、同等なガイダンス及びツール、
内部監査品質評価ガイドを併用して評価

検証者：自己評価報告書を受領し、内部監査部門を訪問して、
自己評価の証跡等の検討により、自己評価の妥当性、
総合意見への合意の可否を検証

(3) 実施タイミング

定期的、1年乃至5年に1回

(4) 評価要素

基準、倫理綱要、内部監査の定義への適合性の評価

(5) 自己評価結果

自己評価報告書を外部検証者に送付

(6) 外部検証結果

自己評価報告書に記載された発見事項、結論、改善提言につい
ての同意又は不同意（異議）を表明

(7) 自己評価・外部検証結果の報告

自己評価者及び外部検証者が署名した報告書を内部監査部門長
が最高経営執行者及び取締役会に提出

(8) フォロー・アップ

内部監査部門又は外部検証者が、課題に対する改善状況をフォ
ロー・アップ

(3) 品質評価上の留意事項

IIA及びIIA-Jが規定した内部監査品質評価の種類及び概要は上述の通りであるが、その実施に際しては、以下に留意する必要がある。

＊IIAの内部監査の専門職的実施の国際基準、IIA-Jの内部監査基準等、自社の内部監査規程又は基準への適合性の評価とは実施手続及び内容等の評価であると考えがちであるが、最も重要な評価項目は潜在している異常な事態を看過する監査リスクの有無である。

＊真に確かめるべきことは、監査人が十分な知識を持っているかどうかではなく、資格、知識、技能を内部監査の業務で実際に活用及び発揮しているかどうかである。

＊有資格者であっても、その外部評価が真に有効であるとは限らない。重要な監査リスクを検出できる評価でなければならない。

監査部長等の職務は、内部監査品質の確保及び向上並びに自らが実施する自己評価自体の有効性の確保である。筆者が考案して採用した内部評価及び代替外部評価の手法は、以下の通りである。

(4) 内部評価・継続的モニタリングの手法

個別監査を実施の都度、3つの客観的、多面的内部評価を実施する。

[1] 監査手続の評価

監査部長等が、個別監査を実施の都度、監査人毎に、その進捗状況並びに適切性及び効率性を点検、評価、指導するとともに、5種類の文書（監査予備調書、監査概要報告書、監査調書、監査結果通知書、監査報告書）、往査事前説明会及び監査概要報告会における監査人の説明及び質問に対する回答の適切性、十分性等について評価する。

[2] 相互評価

担当した監査人同士が、相手方の監査に対する取組姿勢及び貢献度等を相互に評価して、その結果を監査部長に提出する。

[3]　総合評価

　監査部長等が、個別監査毎に、業務への取組姿勢、監査範囲、監査手続、監査意見等の適切性、個別監査への貢献度、監査人の監査能力（知識及び経験の水準）、文書作成能力等を総合的に評価する。

　以上の3種類の内部監査品質評価の結果は、監査人の業績及び人事評価（賞与、給与、昇格等）の基礎資料となる。

(5)　内部評価・定期的レビューの手法

　監査部長等が、6か月毎に、それまでに実施した個別監査について、監査の実効性（重要な監査意見の提供及びその実現への誘導）の程度、監査リスク（異常な事態の看過及び事実の誤認）の有無及び程度、個別監査の進捗度及び費用対効果等を総合的に評価する。

(6)　代替外部評価の手法

　個別監査毎に、以下の客観的かつ多面的代替外部評価を実施する。

[1]　監査先による評価

　個別監査を実施の都度、監査先の責任者に対するアンケート調査を行ない、内部監査に対する満足又は不満足の度合、監査人の業務水準、態度、監査実施上の不都合等に関する意見を記載して貰う。

　この評価には①監査人が高品質の監査を心掛ける利点及び②評価を気にして手心を加えがちになる弱点があるので、留意を要する。

　酷評されたときは、監査部長等が監査先責任者との面談及び監査人との面談により、原因と実態を究明する。

[2]　監査役及び監査役スタッフによる監査

　1乃至5年に1回の頻度で、監査役及び同スタッフ等による、個別監査の適切性及び有効性についての監査を受ける。

3 内部監査の業績評価

　内部監査の業績評価には、監査部長等による監査人の業績評価、監査部長による上位者の業績評価、経営執行責任者又は監査担当役員による監査部長の業績評価の3種類がある。これら3種類の業績評価は、人事評価（賞与、給与、昇格等）の基礎資料となる。

(1)　内部監査人の業績評価

　監査部長等は、個別の監査を実施の都度及び年度末に、その適切性、実効性、貢献度を勘案して、監査人の業績を評価する。

　評価においては、1「内部監査の品質管理」で掲載した事項に、以下の事項を加えて検討する。

- ＊検証するために必要な能力
  - 異常な事態の発見に必要な注意力、感性、懐疑心
  - 適切な判断に必要な知恵、平衡感、一般常識
  - 監査リスクの抑制に必要な実証的監査能力
  - 監査意見の形成に必要な論理的思考能力
- ＊監査先を納得させるために必要な能力
  - 会話及び文章の表現力（論理性、説得力）
- ＊指導に対する応答の程度
- ＊同じ失敗を繰り返さない学習効果の程度
- ＊監査リスクの程度
  - 事実誤認の有無
  - 手抜、怠慢、不注意の有無
- ＊知識、経験、特技の活用の程度
- ＊担当した個別監査の難易度、貢献度
- ＊監査品質の程度

243

(2)　監査部上位者の業績評価

　監査部長は、個別の監査を実施の都度及び年度末に、監査人に対する管理、監督、指導業務の適切性、実効性、貢献度を勘案して、上位者の業績を評価する。

　評価においては、<u>1「内部監査の品質管理」</u>で掲載した事項に、以下の事項を加えて検討する。

　＊個別監査（の進捗状況）の管理、指導の適切性、有効性、適時性

　＊往査事前説明会及び監査概要報告会における質問、指導の適切性、十分性

　＊主要文書の点検、添削の適切性、十分性

(3)　監査部長の業績評価

　経営執行責任者又は監査担当役員は、年度末に、当該年度に実施した内部監査業務の十分性、実効性、貢献度を勘案して、監査部長の業績を評価する。

　この評価においては、以下の事項について検討する。

　＊年度監査方針の適時性、適切性
　　• 重要な事項及び緊急を要する事項の捕捉の適時的確性
　　• 委託者（取締役会、経営執行責任者）の要求への適合の適時的確性
　＊取締役会における説明、回答、報告の適切性、十分性
　　• 附議事項の説明、質問への回答、監査結果の報告等の簡潔明瞭性、合理性、十分性
　＊実施した監査対象（事項）の網羅性、十分性
　＊実施した監査結果の実効性、貢献度
　＊期待ギャップの程度
　　• 委託者及び被監査部署の期待との乖離の程度

第 8 章

監査部長としての
留意事項

監査部長が留意すべき事項は、以下のものである。
① 監査の独立性及び客観性の確保
② 監査リスク・ベースの監査計画の作成及び実施
③ 高品質の個別監査の実施のための管理、監督、指導
　　（費用対効果の考慮、監査リスクの抑制）
④ 全体最適の合理的監査意見の提供と実現への誘導による監査の実効性の確保
⑤ 監査目標と監査実績の格差の解消
⑥ 監査人の育成及び業務取組意欲の高揚、維持
⑦ そのための業績に相応の人事評価、待遇
⑧ そのために必要な予算の確保、有効配分

1　監査全般における留意事項

　監査部は独立していなければならず、監査人は監査の実施に当たって客観的（公正不偏）でなければならない。

　＊監査人は、監査の実施及び結果の報告において干渉及び妨害を受けることがあってはならないし、業績及び人事評価においても干渉を受けることがあってはならない。

　＊監査人は、スタッフとして監査意見（アドバイス）を提供するだけであり、ライン組織への指示、ライン組織の業務の代理業務、非監査業務（コンサルティング等）をしてはならない。

　＊監査人は、独立性及び客観性を保持するために、監査先と利害関係を有するときは、当該監査を回避しなければならない。

　監査人は、専門職としての高い志を持ち、正当な注意を払って、監査対象の事象を懐疑的（批判的）に観察、検討、評価、確認する。

　＊内部監査人の基本的職務は、異常な事態の抜本的排除に有効な助言を提供し、その実行に導き、実現させることによって、事業体の健全かつ継続的発展に貢献することである。

　実効を上げる内部監査を実施するためには、監査手続の実施要領及び個別の監査技術等を習得する前に、肝心の内部監査の基本をしっかりと身に付けることが肝要である。

　内部監査は、監査役監査とは異なり、独任制ではない。個別監査は、思込や勘違いによる独断、偏見、誤謬を排除するため、複数の監査人で監査実施チームを組織して実施する。

　監査実施チームは、監査実施責任者、担当者、補助者で構成し、監査実施責任者は、担当者及び補助者に対して個別監査の実務指導をするとともに、全員で作成する成果物が所定の形式と要件を満足しているのかどうかの点検及び高品格のものとするための添削を行なう。

246

監査人は、個別監査を効果的・効率的・経済的に実施するため、費用対効果の高い監査実施手順書の作成とその実行に心掛ける。

　監査の効果的・効率的・経済的実施は、監査リスク・ベースの手法による監査計画の作成、適切な監査要点の設定にかかっている。

　業務担当部署の個別業務だけを監査するのでなく、部署間の連携及び会社全体のシステム等にムリ、ムラ、ムダ等の合成の誤謬（ある部署の効率化によって生じる他部署の非効率化という矛盾）がないかを、全体最適の観点（＝経営者の観点）で検証する。

　監査部長等は、費用対効果の高い監査リスク・ベースの監査の実施と全体最適の観点での意見形成の実現に必要な点検・指導を行なう。

　内部監査人は、思込及び勘違いによる監査リスクを排除するために、予見及び予断を持って監査を実施しないよう注意を払う。

　事業体の健康診断を行なう内部監査においては、病巣の看過及び誤診等の過ちをしないよう注意を払う。

＊病原のある箇所、病気に罹りそうな箇所、怪我をしそうな箇所を看過しないよう注意を払う。

＊正常な箇所を病巣と誤診しないよう、確信が持てるまで、検診の範囲及び種類を拡大する。

＊症状が他の患者と似ていても、病気の種類及び原因等が異なる場合もあるので、十分な検診を行ない、当該患者に相応の助言を提供する。

　監査の基本は、裏付資料等の証拠の入手による、事実の確認にある。相手の説明を鵜呑みにするのは、子供の使いである。

＊監査先の責任者及び上位者の説明を鵜呑みにせず、説明とその部下の行動が一致しているかどうかを確かめることが肝要である。

　監査人は、専門知識及び情報の収集、監査技術及び監査手続の習得に努め、監査証拠を入手するとともに、監査意見と監査証拠の照合による事実確認を行なう。更に、文章力及び表現力の修練に努め、簡潔明瞭に意見表明を行なう。

監査を料理に譬えると、調理（監査実務）と盛付（成果物）の両方を
しっかりと行なわなければならない。

＊調理を疎かにした不味い料理を盛付でごまかすことはできない。

＊しっかりと調理した美味しい料理でも、盛付が下手であれば、食欲を
　減退させる。

監査人は、予備調査を網羅的に行ない、監査リスク・ベースの監査
手法で、適切な監査目標及び監査要点を設定する。

監査人は、監査証拠の入手により監査要点（否定的仮説）の当否を
検証するとともに、監査手続の漏れ・追加すべき事項の有無、監査の
進捗状況等を適宜に検討して、暫定的監査意見を形成する。

監査人は、暫定的監査意見を監査証拠との突合で合理性・客観性を
検討して、監査リスクの低減に努めるとともに、高品質かつ高品格の
ものとするよう吟味する。

2　予備調査における留意事項

内部監査の基本は、網羅的予備調査の実施により、統制リスクが高い
監査対象を絞り込み、適切な監査要点を設定し、実地監査においてそれ
らを重点的に監査する監査リスク・ベースの監査である。

予備調査では、先ず山を見る、次に森を観る、そして木を視るという
手順を踏む。

＊最初から小枝に注目すると（枝葉末節の些事に眼を奪われると）、指摘
　及び提言しなければならない、異常な事態（統制リスク）を見落とす。

＊潔癖感から些細なことをほじくったり、指摘及び提言したりすると、
　重箱の隅を突っつくと嘲笑される。

監査人は、予備調査の段階で、できるだけ多くの資料を収集し、監査
先についての情報を分析し、監査先の組織及びその業務活動を把握し、
内部統制の有効性を暫定的に評価する。

その上で、個別監査目標を明確に設定し、本格監査の段階で重点的に検証する監査要点、監査範囲、監査項目を設定し、検証に適用する監査技術及び監査手続、往査場所、往査日程等を詳細に定める。

　これらを基に実地監査の実施から監査報告書の提出に至る一連の監査手続を組み立て、監査予備調書及び監査実施手順書に記載する。

　監査部長等は、予備調査の進捗状況及び監査調書の記載内容（特に、監査要点）の適切性を点検、評価、指導する。

3　本格監査における留意事項

　実地監査では、木を視る、特定した異常な事態については枝を診る。

　監査人は、監査実施手順書に記載した監査要点の検証及び監査証拠の入手という一連の監査手続を遺漏なく一貫性を持って、実施する。

　監査人は、監査実施手順書を活用し、点検の漏れ、監査手続の遅延、時間切れによる実地監査の中途での打切りを防止する。

　監査人は、設定した監査要点及び監査項目の検証に適合する監査技術及び監査手続を選択及び適用して効率的に検証する。

　異常な事態を発見したときは、その存在を立証する証拠資料（コピー及び写真等）を入手し、斯かる事態をもたらした原因を究明する。

　原因を特定したときも、それを立証する証拠資料を入手する。

　入手した証拠資料については、発見した異常な事態の存在を立証するのに十分性な証拠力を有しているかどうかを慎重に吟味する。

　異常な事態をもたらした原因及び斯かる事態の実情を勘案して、その抜本的解消に有効かつ実行可能な施策を案出する。

　特定した異常な事態とそのままに放置した場合の影響（因果関係）を明確にして、その抜本的解消に有効な監査意見を形成する。

　枝葉末節の些事に惑わされて、肝心の幹ではなく枝葉を重視する本末転倒の監査意見を形成しないよう留意する。

249

形成した監査意見を証拠資料と突き合わせて、その合理性及び客観性並びに監査リスクの程度を吟味する。

　事実誤認及び不的確な表現による監査意見の訂正及び撤回は、監査人として最も恥じるべき行為であるから、暫定的監査意見に誤りがないかどうかを入念に検討する。個別最適のものではなく、全体最適のものとなっているかどうかについても、入念に検討する。

　監査業務は、洋服の縫製に譬えると、顧客の体型及び用途に適合した注文服（tailor-made、custom-made、haute couture）の仕立であり、既製品（ready-made、prêt-à-porter）の量産ではない。

　＊前回又は他の監査人の指摘及び提言を真似て書くものではない。

　＊監査先の実情に基づく自らの監査意見（指摘及び提言）を書く。

　監査意見の表明は、検証及び確認結果の伝達であり、聴取事項の伝達ではない。監査人は、指摘及び提言の数稼ぎをしても、評価されない。

　監査人は、暫定的監査意見に監査証拠を添えて監査部長等に提出し、点検・添削を受ける。

　監査部長等は、証拠力の十分性、監査リスクの程度、意見の合理性、客観性、全体最適性を入念に検討して、監査意見を確定する。

　監査人は、個別監査の顛末及び確定監査意見を監査調書に取り纏め、監査部長等の点検・添削を受けて、完成する。

4　意見表明における留意事項

　監査先責任者及びその主管者の納得及び同意を得るため、読みやすくわかりやすい文章で、監査結果通知書を作成する。

　異常な事態の原因及び実情並びにその抜本的解消に役立つ監査意見を重要性及び／又は緊急性の順に、簡潔明瞭に記載する。

　監査部長等は、文章表現の簡潔明瞭性及び品格並びに指摘及び提言の訴求力（アピール度）について点検、添削、指導を行なう。

多忙な経営執行責任者及び業務担当役員等が監査結果及び監査意見の重要性を把握できるよう、簡潔明瞭な短文で、監査報告書を作成する。

　監査部長等は、文書の体裁、表現、論理構成、用語、用字等が適切であるかどうかについて点検、添削、指導を行なう。

5　職務執行における留意事項

　監査部長の主要職務を要約すると、以下の通りである。

＊内部監査の独立性及び客観性の確保

＊内部監査品質の確保
- 監査のQCD達成
- 監査リスクの抑制

＊内部監査の実効性の確保
- 効果的、効率的、経済的監査の実施
- 有益な監査意見の提供

＊目標と実績の格差の解消
- 内部監査品質の向上
- 監査人の育成
- 研修機会の提供

＊監査部員の意欲の喚起
- 環境の維持及び改善
- 公正不偏の業績評価
- 予算の確保及び有効配分

　監査部長は、職務の達成のため、以下の業務を遂行する。

＊要人との定期的打合せ
- 有用情報・懸念事項・要望等の収集、支援の要請、意見の具申

＊監査目標の設定

第8章　監査部長としての留意事項

＊監査基本計画の作成

＊監査基本方針の策定

＊監査基本方針の取締役会宛附議、同承認の取得

＊監査予算の作成

＊監査実施計画の作成

＊監査実施計画の部内公表

- 監査先・実施期間・担当監査人の公表

＊個別監査の管理・監督・要人との面談

＊個別監査業務の点検・評価・指導

- 往査事前説明会、監査概要報告会

- 意見表明（監査調書、監査結果通知書、監査報告書）

＊個別監査の監査意見の決定

＊個別監査結果の通知・報告

- 監査結果通知書の送付

- 監査報告書の提出

＊内部評価（人事評価）の実施

＊監査結果の検討

- 当年度の監査の実効性の評価

- 翌年度の監査品質向上のための施策及び手段の検討

＊監査結果の取締役会宛報告

＊外部評価実施の手配

監査部長の業務は、基本的に、以下の2種類に大別される。

(1) 監査部の運営業務

監査部の運営と業務目標の達成（実効的監査の実施）のための業務

(1) 必要な経営資源（人、物、金、情報）の調達と有効活用

(2) 監査方針の策定、監査目標の設定、監査基本計画の作成等

(2) 監査の管理業務

監査の実効性の確保と監査品質の向上のための業務

(1) 監査部員の義務の周知、監査手続書の作成、監査人の育成

(2) 個別監査業務の点検、評価、指導、監査人の指揮、支援等

会社の規模、事情、経営者の意向等によって、内部監査組織責任者の業務は大きく異なる。

監査担当役員と監査部長をおいて上述の業務を分担させている会社、監査部長をおいて2種類の業務を担当させている会社、監査部長に監査実務も担当させている会社があり、様々である。

監査の管理業務は、監査手続及び監査品質等が内部監査基準等の標準から外れないよう維持、制御、調整等のコントロールを実施することであり、監査の基本知識に精通しかつ実務経験の豊かな者が担当するのが望ましいが、そうはいかないのが現実である。

監査部長がこれら2つの管理業務に精通していない場合は、許されるのであれば、不得意な業務について次席等の監査部の上位者を補助者として活用するのがよいのではないか。

但し、その場合に、丸投げは許されない。必ず、補助者が取り纏めた予算、方針、目標、計画等の妥当性及び点検、評価、指導等の妥当性について検討し、責任をもって承認しなければならない。

監査部長は、監査品質の向上を図るため、以下の手段を活用する。

＊リーダー会議及び部内全体会議を開催し、自己の意思（方針、計画、目標等）を伝達し、監査部員の意見及び要望を聴取する。

＊監査調書、監査結果通知書、監査報告書を部内で回覧して、監査人の視野・考察深度の拡大及び文章表現の推敲等に役立てる。

＊優秀な個別監査を選抜し、部内全体会議において、実施した監査手続（特に、監査要点の設定経緯及び検証手続）を発表させ、監査人全体のレベル・アップに役立てる。

＊部内講習会を開催し、個別監査で共通して見られた監査手続の不備、非効率、誤用等の解消を図る。

＊個別監査の３段階における点検・評価・指導の方法を工夫する。

　適切な内部監査の実施要領は、ベスト・プラクティスの模倣よりも、失敗事例の原因究明とその反省から学ぶ方が効果的である。

　肝心なことは、監査人が、失敗原因とその回避の方策をしっかり頭に叩き込み、同じ失敗と悔恨を繰り返さないように心掛けることであり、監査部長等が、そのように監査人を誘導することである。

　監査目標の達成のためには、義務感・正義感・常識を持ち、達成感・満足感を得る監査を実施するよう監査人を仕向ける必要がある。

　監査部長は、担当業務に対する監査人の取組意欲を高め、個別監査を適切（効果的・効率的・経済的）に実施して内部監査の実効を確保するよう努める必要がある。

　そのための施策として、以下のものがある。

＊業績（成果）に見合う公正不偏の人事評価を行なう。

＊個別監査を適切に実施して実効を上げた監査人に成績加算金又は割増賞与を供与する。

　監査部長は、監査方針の実現に不可欠の監査部組織の適切運営を図るため、経営者及び監査役の理解、支持、支援の獲得に努める。

　そのためには、先ず、個別監査の適切な実施により内部監査の実効を上げて、経営者及び監査役の信頼を獲得することが肝要である。

　次に、機会を捉えて、有用な情報の提供及び意見具申により、全般的内部統制（特に、コンプライアンスを含む、リスク・マネジメント）の態勢の整備の重要性及びそのための内部監査の活用の重要性を認識するように両者を誘導することが肝要である。

　要するに、実績を重ねて内部監査の有用性を認識して貰い、かつその期待に応えていくことが、監査部長の重要な職務である。

経営者及び監査役の信頼を獲得したときは、慢心しないよう自制心を保持して、職務に精励することが肝要である。

　不正の摘発を内部監査の目標としてはならない。監査先に警戒されるだけでなく、嫌悪され、経営に貢献する監査を実施できなくなる。

　そもそも、内部監査の基本を習得せずに不正を摘発しようとしても、容易にできるものではないし、誤認逮捕の監査リスクを抱える。

　現代の実践的内部監査において重要なことは、異常性の感知である。異常性を感知して重点的に調査することによって実在する異常な事態の捕捉が可能となる。その原因を解明することによって、不注意・怠慢による誤謬か意図的違反・不正かが判明する。

　不正については、再発防止に有効な施策及び発生時の即時早期発見に有効な施策の検討が重要であるから、監査部はその顛末及び原因究明と再発防止策及び再発時の早期発見方法等の検討に関わる必要があるが、処罰に関与してはならない。

　監査部長は、孤独である。監査方針及び監査意見の決定の際に種々の迷いがでてくるが、正義感と平衡感を働かせ、論理的思考を駆使して、最適と考えるものを選択しなければならない。

　監査部長は、適材適所の配置によりライン・アンド・スタッフ組織を整備して監査部員を上手に活用しなければならない。監査リスクと監査難易度の高い個別監査を適材に担当させなければならない。

　所期の監査目標を達成できない監査人に対する苛立ちや監査の失敗（監査リスクの現実化）による歯痒さに耐えなければならない。

　監査部長の業務遂行は忍耐と改善努力の繰り返しであるが、これほど面白い仕事はざらにあるものではない。

ガンバレ監査部長！

法令用語の約束事

　法令解釈の統一を図るため用語と用法について様々の約束事が設けられているので、それらの基本的なものを以下に例示する。

1．及び、並びに、かつ、又は、若しくは の用法

(1)　及びは、並列的な連結が1段階の場合に用いる。
　　発起人の氏名又は名称**及び**住所

(2)　並びには、並列する語句に異なる段階や結付の強弱がある場合に、大きな連結をするところで用い、小さな連結をするところでは**及び**を用いる。
　　国**及び**他の地方公共団体の職員**並び**に民間事業の従事者

(3)　かつは、及びと並びによりも大きい連結、例えば、①動詞と動詞を結び付ける場合、②複数の形容詞句を結び付けて、一体の意味を持たせる場合、③複数の語や文章を、同時にという意味を持たせ強く結び付けて、何れも同等の重要性があることを示す場合に用いる。
　　公判廷は、裁判官**及び**裁判所書記が列席し**かつ**検察官が出席して

(4)　又はは、選択的な連結が1段階の場合に用いる。
　　会計帳簿**又は**これに関する資料

(5)　若しくはは、選択する語句に異なる段階がある場合、小さな選択をするところで用い、大きな選択をするところでは**又は**を用いる。
　　株式会社の業務の執行に関し、不正の行為**又は**法令**若しくは**定款に違反する重大な事実

２．直ちに、遅滞なく、速やかに の用法

　直ちに、速やかに、遅滞なくは、時間的即時性を表わす言葉であり、時間的即時性の強い順序と基本的罰則の有無は、以下の通りである。

(1)　直ちには、即座に（今直ぐに）という意味で、一切の遅延が許されない場合に用いられ、罰則が付く。

(2)　速やかには、訓示的に用いられ、罰則が付かないとされていたが、1962年12月10日の大阪高裁判決で否定され、罰則が付いた。

(3)　遅滞なくは、正当又は合理的理由による遅延が許される場合に用いられ、罰則が付く。

　早急の対処が必要な事項については「直ちに」を使用し、その他の事項については、「○○月○○日までに」と期日を明示するのがよい。

３．乃至の意味

　乃至は、３つ以上の連続した事項を引用する際に、最初と最後だけを記載して、「○○から□□まで」という意味で用いる。

　「第321条乃至第324条の規定により」は、「第321条から第324条までの規定により（第321条、第322条、第323条、第324条の規定により）」を意味する。

法令用語の約束事

索 引

[ア]

アカウンタビリティ …………………………… 11
アシュアランス ………………………………… 119
アドバイザリー ………………………………… 119
アンケート（監査技術）……………………… 160

意見表明 ………………………………………… 250
意見表明の業務 ………………………………… 228
異常な事態 ……………………………… 26, 132
委託 ……………………………… **1**, 11, 117
一般監査技術 …………………………………… 157
インタビュー（面談：監査技術）………… 160

エクスポージャー ……………………………… 92
閲覧（監査技術）……………………………… 158

往査 ……………………………………………… 145
往査事前説明会 ……………………… 216, **225**
往査事前面談 …………………………………… 207
往査時面談 ……………………………………… 208
往査日程通知書 ………………………………… 224

[カ]

回答書 …………………………………… 146, 226
確認（監査技術）……………………………… 160
監査意見 …………………………… 132, **144**, 227
監査概要報告会 ……………………… 218, **227**
監査概要報告書 ………………………………… 227
監査基本計画 …………………………………… 209
監査業務計画書 ………………………………… 221

259

監査技術 ……………………………… 132, **157**
監査結果通知書 ………………………… 146, 228
監査項目 …………………………………… 143
監査実施計画 ……………………………… 214
監査実施通知書 …………………………… 222
監査実施手順書 ………………………… 143, 224
監査証拠 ………………………………… 132, 144
監査対象 …………………………………… 141
監査調書 ………………………………… 145, 228
監査手続 ………………………………… 132, **157**
監査範囲 ………………………………… 143, 224
監査報告書 ……………………………… 146, 229
監査マニュアル …………………………… 155
監査目的 …………………………………… 141
監査目標 …………………………………… 141
監査要点 ……………………… **142**, 223, 230
監査予備調書 …………………………… 145, 225
監査リスク ……………………………… 147, 150
　外部監査の監査リスク ………………… 147
　内部監査の監査リスク ………………… 150
　監査リスクの発生原因 ………………… 153
監査リスク・ベースの監査 ……………… 147
監査リスク・ベースの内部監査 ………… 154
勘定突合（監査技術）…………………… 158
勘定分析（監査技術）…………………… 159

継続企業 …………………………………… 47, **83**
検査 ……………………………… 72, 137, **140**
検証 ………………………………………… 132
現代の実践的内部監査 …………………… 130
現代の実践的内部監査の実効 …………… 135
現代の実践的内部監査の目的 …………… 133
現場監査 …………………………………… 145

コーポレート・ガバナンス ……………………………………… 24
コーポレート・ガバナンスの仕組 ……………………………… 29
コーポレートガバナンス・コード …………………………… 3, 35
個別監査技術 …………………………………………………… 158
固有リスク …………………………………………………… 147, 150
コンサルティング …………………………………… **119**, 134, 201
コンプライアンス …………………………………… 26, 46, **86**

[サ]

財務諸表監査の目的 …………………………………………… 83
財務報告に係る内部統制 …………………………………… 26, 81, 86
財務報告に係る内部統制の評価 …………………… **81**, 114, 137
三様監査 ………………………………………………………… 105
　外部監査（概念、目的、生成経緯、機能） …………… 113
　監査委員会監査 ……………………………………………… 112
　監査等委員会監査 …………………………………………… 112
　監査役監査（概念、目的、生成経緯、機能） ………… 108
　内部監査（概念、目的、生成経緯、機能） …………… 117
三様監査の連携 ………………………………………………… 125
残余リスク（残存リスク） …………………………………… 149

システム …………………………………………………… 40, **51**
事前的予備調査 ………………………………………………… 221
実査（監査技術） ……………………………………………… 158
実地監査 ……………………………………………… **145**, 249
質問（監査技術） ……………………………………………… 160
指摘 ……………………………………………………………… 132
従来の一般的内部監査 ………………………………………… 137
受託 ………………………………………………………………… 2
受託職務 …………………………………………………………… 2
証憑突合（監査技術） ………………………………………… 157
情報開示 …………………………………………………………… 2

趨勢分析（監査技術）……………………………… 113

スチュワードシップ……………………………… 11

スチュワードシップ・コード……………………… 6, 33

説明義務…………………………………………… 2

潜在リスク………………………………………… 147

善管注意義務……………………………… 7, 73, 162

全般的内部統制…………………………… 26, 51, **85**

[タ]

体制（システム）………………………… 26, 48, 51

態勢（プロセス）………………………… 26, 48, 51

帳簿突合（監査技術）…………………………… 157

提言……………………………… 119, **132**, 227

摘発リスク（発見リスク）……………………… 151

統制リスク………………………………… 147, 149

独立的評価……………………………… **87**, 134

[ナ]

内部監査人とその業務の属性…………………… 133

内部監査人の本務………………… 121, **136**, 178

内部監査の品質管理……………………………… 235

内部監査の品質評価……………………………… 237

日常的モニタリング……………………………… 87

年齢調べ（監査技術）…………………………… 159

[ハ]

ハザード…………………………………………… 92

発見リスク（摘発リスク）………………… 147, 151

ヒアリング（聴取：監査技術）……………………… 160
比較（監査技術）…………………………………… 159
PDCAサイクル……………………………………… 100

フォロー・アップ ……………………………… 146, 230
不正な財務報告 ………………………… 46, **86**, 178
不正のトライアングル ……………………………… 89
プロセス ………………………………………… 49, **51**
分析的手続（監査技術）……………………… 47, 147

ペリル ………………………………………………… 92

本格監査 ………………………………………… 145, 249
本格監査の業務 …………………………………… 226
本格的予備調査 …………………………………… 222

[マ]

マネジメント・サイクル………………………… 100

面談（インタビュー）…………………………… 160

モニタリング …………………………………… 30, **86**

[ヤ]

予備調査 ………………………………………… 144, 248
予備調査の業務 …………………………………… 221

[ラ]

リスク ………………………………………………… 90
リスク・アプローチ …………………………… 148, 152
リスク・アプローチの監査 …………………… 147, 201
リスク・ベースの監査 ………………………… 147, 201
リスク・マネジメント ……………… 86, **90**, 96

263

《著者紹介》

川村　眞一（かわむら　しんいち）

　1947年盛岡市生まれ。1970年三菱商事㈱入社。1980年7月から2000年3月まで20年余の殆どを5か国5社の海外事業投資会社CEO等として勤務。2000年3月末に監査部へ転籍。2001年4月から2007年末退職まで監査部部長。

　2002年から現在まで（一社）日本内部監査協会等の講習会等で講師を務めている。

〈主要著書〉

『これだけは知っておきたい内部監査の実務（三訂版）』2016年

『これだけは知っておきたい内部監査の基本（六訂版）』2016年

『これだけは知っておきたい内部監査の手法②
　　〈不正・異常性発見の内部監査〉』2009年

『これだけは知っておきたい内部監査の手法①
　　〈グループ会社の内部監査〉』2009年

『現代の実践的内部監査（六訂版）』2018年

『内部統制と内部監査（増補版）』2008年

（何れも同文舘出版より刊行）

平成25年8月15日　初　版　発　行	
平成30年9月15日　改　訂　版　発　行	
令和2年6月30日　改訂版3刷発行	略称：監査部長（改）

これだけは知っておきたい

取締役・監査役・監査部長等にとっての内部監査
（改訂版）

著　者	©　川　村　眞　一	
発行者	中　島　治　久	

発行所　同 文 舘 出 版 株 式 会 社

東京都千代田区神田神保町1-41　〒101-0051
営業（03）3294-1801　　編集（03）3294-1803
振替00100-8-42935　　http://www.dobunkan.co.jp

Printed in Japan 2019

製版　一企画
印刷・製本　三美印刷

ISBN978-4-495-19922-7

JCOPY〈出版者著作権管理機構　委託出版物〉
本書の無断複製は著作権法上での例外を除き禁じられています。複製される場合は、そのつど事前に、出版者著作権管理機構（電話03-5244-5088、FAX 03-5244-5089、e-mail: info@jcopy.or.jp）の許諾を得てください。

本書とともに〈好評発売中〉

これだけは知っておきたい
内部監査の基本（六訂版）

A5判・224頁
定価（本体2,000円＋税）
2016年7月発行

これだけは知っておきたい
内部監査の実務（三訂版）

A5判・230頁
定価（本体2,200円＋税）
2016年2月発行

これだけは知っておきたい
内部監査の手法①

A5判・180頁
定価（本体2,000円＋税）
2009年9月発行

これだけは知っておきたい
内部監査の手法②

A5判・180頁
定価（本体2,000円＋税）
2009年12月発行

現代の実践的内部監査
（六訂版）

A5判・426頁
定価（本体3,600円＋税）
2018年2月発行

同文舘出版株式会社